**22** Coleção
Ciências e Culturas

Coordenação Científica da Colecção Ciências e Culturas
João Rui Pita e Ana Leonor Pereira

Os originais enviados são sujeitos a apreciação científica por *referees*

Coordenação Editorial
Maria João Padez Ferreira de Castro

Edição
Imprensa da Universidade de Coimbra
Email: imprensa@uc.pt
URL: http://www.uc.pt/imprensa_uc

Design
António Barros

Pré-Impressão
Imprensa da Universidade de Coimbra

Capa
Reprodução de quadro de Pedro Freitas (1953-2016). Coleção particular

Print By
CreateSpace

ISBN
978-989-26-1223-2

ISBN Digital
978-989-26-1224-9

DOI
https://doi.org/10.14195/978-989-26-1224-9

Depósito Legal
421220/17

Victoria Bell

# Penicilina em Portugal

receção, importação
e primeiros tratamentos

IMPRENSA DA UNIVERSIDADE DE COIMBRA
COIMBRA UNIVERSITY PRESS

• COIMBRA 2016

*À Nicole e ao Luka por*
*serem o meu alicerce*

SUMÁRIO

## PREFÁCIO

Conheço a autora desta obra há cerca de vinte e seis anos desde que ingressou na Faculdade de Farmácia da Universidade de Coimbra para estudar Ciências Farmacêuticas e era eu Assistente, praticamente no início da minha carreira, naquela Faculdade. Victoria Bell foi sempre uma aluna muito interessada, muito curiosa em saber mais do que aquilo que era ensinado. Daqueles alunos que estimulam os professores colocando desafios que são muito importantes e que parecem ser ainda mais quando estamos a iniciar a carreira. Depois de terminada a sua licenciatura mantive sempre contactos com Victoria Bell e acompanhei, nuns casos de forma mais próxima e noutros com maior distância, o seu trajeto profissional. Foi farmacêutica em farmácias de oficina, foi farmacêutica diretora-técnica de um armazém grossista de medicamentos, foi diretora-técnica de uma farmácia de oficina. Uma carreira profissional completada com a frequência de diversos cursos de formação especializada, pós-graduações e a redação na imprensa sociopro-fissional de artigos relacionados com os problemas da atualidade do sector farmacêutico. Pode dizer-se que a sua exigente carreira de cerca de doze anos enquanto farmacêutica foi feita com brilho e competência.

Há cerca de oito anos conversámos sobre a possibilidade de realizar um doutoramento de âmbito sociofarmacêutico, uma vontade sua, e que se veio a iniciar em Outubro de 2009 após obtenção de uma bolsa de doutoramento da Fundação para a Ciência e a Tecnologia - FCT. Em boa hora. Foi uma mudança radical de vida com objetivos bem definidos. Entretanto completou a sua equivalência a mestrado na Faculdade de Farmácia da Universidade de Coimbra.

Foi há cerca de um ano, em 2015, que apresentou com brilho e nota máxima a sua tese de doutoramento em Ciências Farmacêuticas na Faculdade de Farmácia da Universidade de Coimbra com uma tese intitulada: *Introdução dos antibióticos em Portugal: ciência, técnica e sociedade (anos 40 a 60 do século XX). Estudo de caso da penicilina.* Fui seu orientador de tese sendo co-orientadora a Professora Doutora Ana Leonor Pereira da Faculdade de Letras da mesma Universidade.

Atualmente a Doutora Victoria Bell é Professora Auxiliar Convidada da Faculdade de Farmácia da Universidade de Coimbra. Somos colegas, partilhamos unidades curriculares (antigas disciplinas) e temos interesses profissionais e científicos convergentes. A Doutora Victoria Bell mostra-se na docência universitária com muitas das características que marcaram a sua atividade profissional: grande capacidade de trabalho, honestidade, competência e excelente espírito de equipa e entusiasmo. O mesmo se pode dizer sobre a sua integração no grupo de investigação que coordeno em colaboração com a Professora Doutora Ana Leonor Pereira, o Grupo de História e Sociologia da Ciência e da Tecnologia do Centro de Estudos Interdisciplinares do Século XX da Universidade de Coimbra. É bem patente o seu interesse pelas temáticas históricas e sociais da farmácia e das ciências da saúde.

E todas estas características marcaram o seu trabalho de doutoramento e encontram-se bem claras neste estudo que agora publica. Esta obra é devotada à receção da penicilina em Portugal e aplicação dos primeiros tratamentos. Trata-se de um tema nobre na história das ciências, em particular na história da medicina e da farmácia. Basta estarmos atentos à movimentação científica internacional para nos apercebermos disso. O livro que agora se publica tem como base a investigação original realizada em algumas bibliotecas portuguesas e em dois arquivos, a saber, o arquivo da Cruz Vermelha Portuguesa, em Lisboa, e o Arquivo da Universidade de Coimbra. No primeiro consultou todas as caixas e dossiers respeitantes à receção e primeiros circuitos da penicilina em Portugal depois da sua receção a partir do Brasil e sobretudo a partir dos Estados Unidos da América. A diplomacia portuguesa e o papel dos médicos portugueses e de algumas instituições foram determinantes para que a Cruz Vermelha Portuguesa levasse a bom porto a importação desse medicamento milagroso e iniciasse em Portugal a missão da sua distribuição de acordo com rigorosos critérios científicos, clínicos e sociais. Não pode olhar-se para esta situação, claro está, sem nos abstrairmos do contexto do Estado Novo e sem pensarmos que essa distribuição e primeiros tratamentos foi feita em plena Segunda Guerra Mundial onde a penicilina teve a primeira aplicação em massa e com resultados notáveis no controlo das infeções. No Arquivo da Universidade de Coimbra a investigação realizada incidiu sobre os primeiros tratamentos com penicilina realizados num hospital de grande dimensão como os Hospitais da Universidade de Coimbra. Foi um importante estudo de caso. Trata-se de um relevante estudo sobre a história de uma terapêutica medicamentosa que apenas pode ser realizado com uma investigação profunda e rigorosa em arquivos hospitalares, tarefa morosa e nem sempre fácil de concretizar mas que neste caso foi conseguida com êxito.

Este livro aborda, então, as primeiras importações para Portugal de penicilina e sua primeira distribuição (através da Cruz Vermelha Portuguesa) e as primeiras aplicações terapêuticas (fazendo um estudo de caso nos Hospitais da Universidade de Coimbra). Trata-se de uma investigação realizada com fontes de arquivo, absolutamente original, que reconstitui o circuito da penicilina em Portugal, mostra o papel relevante e capital de instituições como a Cruz Vermelha, torna claro o papel de alguns médicos na prescrição do medicamento e mostra a atualidade do nosso país e o esforço realizado em Portugal para que entre nós aquele medicamento circulasse e livrasse da morte muitos condenados por infeções. Trata-se de uma obra muito importante para a história das ciências em Portugal, em particular para a história da medicina e da farmácia portuguesas e torna claro, esclarece e ajuda a compreender muitos aspetos específicos da sociedade portuguesa.

É pois com a maior alegria que faço o prefácio para esta obra da Professora Doutora Victoria Bell, um livro que resulta de uma importante investigação também reconhecida nacional e internacionalmente através de outros estudos publicados isoladamente ou em colaboração sob a forma de artigos em prestigiadas revistas científicas.

João Rui Pita
Professor da Faculdade de Farmácia
Investigador do CEIS20
Universidade de Coimbra

# 1. INTRODUÇÃO

Esta obra teve por base parte da investigação realizada para a nossa tese de doutoramento "Introdução dos antibióticos m Portugal: ciência, técnica e sociedade (anos 40 a 60 do século XX). Estudo de caso da penicilina" (FCT - Bolsa de doutoramento - SFRH/BD/62391/2009) apresentada à Faculdade de Farmácia da Universidade de Coimbra, orientada pelo Professor Doutor João Rui Pita e pela Professora Doutora Ana Leonor Pereira. O presente livro tem por objetivo estudar a introdução e receção da penicilina em Portugal nos 40 a 60 do século XX e compreender as repercussões que o antibiótico teve na medicina e na farmácia, tendo como pano de fundo diferentes contextos como o político, socioeconómico e científico. A circulação dos saberes científicos, as instituições envolvidas na importação inicial e os diferentes protagonistas foram também objeto da nossa investigação. Propusemo-nos avaliar a aceitação da penicilina por parte da comunidade científica, estudar a divulgação do antibiótico na comunidade médica (clínica) e no setor farmacêutico.

A descoberta da penicilina e a sua introdução na terapêutica veio alterar por completo o prognóstico do tratamento das doenças infeciosas modificando o percurso da medicina e salvando inúmeras vidas. Foi uma das descobertas científicas mais mediáticas da história da medicina e da farmácia e constituiu o ponto de partida para a investigação de novos antibióticos. Têm sido realizados vários estudos sobre a receção da penicilina em diversos países precisamente pela importância que o antibiótico teve na inovação terapêutica, na clínica médica, na industrialização do medicamento e ainda na sua comercialização.

Nesta obra analisamos a receção da penicilina enquanto medicamento em Portugal. Abordámos a distribuição inicial do medicamento na população civil, fazendo referências às comissões controladoras que foram constituídas em diversos países, como nos Estados Unidos da América (EUA), Portugal, Espanha e França com o objetivo de tutelar a cedência e gerir a distribuição das escassas quantidades de penicilina disponíveis.

As primeiras ampolas de penicilina chegaram a Portugal em Maio de 1944, oferecidas pelo Brasil. Durante o verão desse ano, enquanto decorriam as negociações entre o governo dos EUA e de Portugal para a utilização da base aérea das Lages, nos Açores, foram também discutidas entre aqueles países as condições para a cedência de um contingente mensal de penicilina para Portugal. A partir de Setembro desse ano foi acordado com o governo dos Estados Unidos da América a importação regular do medicamento. Portugal tornou-se assim num dos primeiros países do mundo que não havia participado na II Guerra Mundial a obter penicilina para uso civil. Como a produção mundial do antibiótico não era suficiente para satisfazer todas as necessidades, a Cruz Vermelha Portuguesa (CVP) constituiu uma comissão controladora para analisar os pedidos efetuados e tutelar a distribuição da penicilina em Portugal: a Junta Consultiva para a Distribuição de Penicilina em Portugal (JCDPP). Em 1945, em função do aumento da produção da penicilina a JCDPP foi extinta e o antibiótico foi integrado no circuito comercial de venda de medicamentos. A Comissão Reguladora dos Produtos Químicos e Farmacêuticos (CRPQF)[1] teve um papel decisivo na sua regulação. A partir de 1947 a penicilina começou a ser importada como matéria-prima. Em 1948 foram lançadas no mercado as primeiras especialidades farmacêuticas com penicilina preparadas em Portugal. A penicilina exerceu uma importante influência na indústria farmacêutica nacional. As necessidades do mercado obrigaram a um aumento da produção o que se refletiu não só na dimensão das empresas como na sua especificidade técnica e na contratação de mão-de-obra especializada.

A introdução de penicilina numa instituição hospitalar: os Hospitais da Universidade de Coimbra, também foi objeto de estudo. A pesquisa conduzida no Arquivo da Universidade de Coimbra permitiu-nos recolher informações sobre a introdução da penicilina naqueles Hospitais e sobre os primeiros tratamentos efetuados com o medicamento nestes hospitais. Consultámos milhares de processos clínicos e através da sua análise concluímos que a penicilina foi bem aceite e rapidamente incorporada no conjunto de medicamentos habitualmente prescritos nestes hospitais. O antibiótico foi utilizado de acordo com as recomendações existentes. As patologias em que foi utilizada encontravam-se, maioritariamente, entre as de indicação absoluta para a administração do medicamento, sendo elevada a percentagem de curas obtidas. Verificámos que a prescrição do medicamento aumentou com o incremento da produção mundial de penicilina e consequente facilidade na sua obtenção.

Esta obra, resultado do nosso investimento científico de vários anos, constitui um contributo para a história da introdução da penicilina em Portugal. Trabalhámos com fontes impressas e manuscritas, sendo de sublinhar a investigação que realizámos no Arquivo da Universidade de Coimbra (estudo de caso sobre a receção do antibiótico num hospital português) e no Arquivo da Cruz Vermelha

---

[1] A Comissão Reguladora dos Produtos Químicos e Farmacêuticos foi fundada em 1940. Os objetivos iniciais eram, sobretudo, de natureza económica e comercial. O seu enquadramento tem que ser enquadrado na política normalizadora do Estado Novo. Sobre este assunto ver Pita, J. R. (2003). Ciência médico farmacêuticas e normalização social. Em M. M. T. Ribeiro (Coord.), Portugal-Brasil. Uma visão interdisciplinar do Século XX. *Actas do Colóquio, 2 a 5 de Abril de 2003* (pp. 405-436). Coimbra e Sousa, M. F., Pita, J. R. & Pereira, A. L. (2014). Farmácia e medicamentos em Portugal, em meados do século XX. O papel da Comissão Reguladora dos Produtos Químicos e Farmacêuticos (1940). CEM. *Cultura, Espaço & Memória, 5*, 11-26.

Portuguesa em Lisboa (que permitiu estudar o circuito inicial da distribuição de penicilina em Portugal). Estamos conscientes de ter construído um trabalho original, mas também estamos conscientes de que estudar a receção da penicilina noutros hospitais portugueses e investigar a história da penicilina e de outros antibióticos para além dos anos 50 constitui um importante e original desafio científico que permitirá esclarecer todo o processo de circulação da penicilina e de outros antibióticos em Portugal que nunca pode ser desligada dos contextos sociais, políticos e económicos.

Devemos lembrar que a penicilina, embora descoberta por Alexander Fleming em 1928 teve um novo fôlego na investigação cerca de dez anos depois com os trabalhos de Howard Florey, Ernst Boris Chain e seus colaboradores. Em plena Segunda Guerra Mundial a penicilina, enquanto fármaco, foi transformada em medicamento fruto das pesquisas realizadas primeiro na Grã-Bretanha e depois nos Estados Unidos da América. É impossível desligar a penicilina da Segunda Guerra Mundial. O primeiro circuito de penicilina em Portugal e a sua introdução nas instituições hospitalares e na clínica privada surgem no decurso do conflito mundial.

A penicilina tem sido objeto, no estrangeiro, de inúmeros estudos que contribuíram para aprofundar o conhecimento existente sobre o antibiótico e divulgar a sua história.

## 2. A RECEÇÃO DA PENICILINA EM PORTUGAL

A descoberta da penicilina em 1928 e a sua introdução na terapêutica nos anos 40 do século XX veio alterar radicalmente o prognóstico do tratamento das doenças infeciosas[2]. O percurso habitual da prática médica modificou-se profundamente e passaram a salvar-se inúmeras vidas consideradas perdidas[3]. Foi uma das descobertas científicas mais mediáticas da história da medicina e da farmácia e constituiu o ponto de partida para a investigação de novos antibióticos[4].

Em Portugal, mesmo antes de ser utilizado, o medicamento era visto como "a última tentativa de salvação"[5] para doentes que se encontravam em perigo de vida pela gravidade da sua enfermidade.

A missão humanitária da Cruz Vermelha Portuguesa (CVP) foi evidenciada pela conduta manifestada perante os inúmeros apelos de obtenção de penicilina que surgiam e tornou sua prioridade a obtenção do medicamento para Portugal[6]. Em Setembro de 1944 a penicilina começou a ser importada com regularidade dos Estados Unidos da América, por esta instituição[7]. As entidades governamentais portuguesas também demonstraram compreender a importância e o impacto que o medicamento teria na saúde pública nacional, este facto foi evidente pela rápida autorização de importação da penicilina concedida pela Direção Geral

[2] Queijo, J. (2010). *Breakthough - How the 10 greatest discoveries in medicine saved millions and changed our view of the world*. New Jersey: Pearson Education, Inc., 142.

[3] Waller, J. (2004). *Fabulous science: fact and fiction in the history of scientific discovery*. Oxford: Oxford University Press, 247.

[4] Lesch, J. E. (2007). *The First Miracle Drugs: How the Sulfa Drugs Transformed Medicine*. New York: Oxford Univ Press, 275.

[5] Arquivo da Cruz Vermelha Portuguesa. Carta enviada à Embaixada do Brasil em 27 de Março 1944 - Número de ordem 1374. Em *Livro de correspondência expedida, Volume III*. Lisboa.

[6] Arquivo da Cruz Vermelha Portuguesa. Carta enviada à Embaixada do Brasil em 27 de Março 1944 - Número de ordem 1374. Em *Livro de correspondência expedida, Volume III*. Lisboa.

[7] É interessante salientar que justamente em 1944 a Cruz Vermelha Internacional foi galardoada com o Prémio Nobel da Paz.

de Saúde Pública[8] e pela permissão, pela Direção Geral das Alfandegas[9], para o seu levantamento sem que as habituais formalidades estivessem esclarecidas[10]. O Ministério das Finanças também foi complacente com a situação e concedeu isenção do pagamento dos direitos alfandegários e do imposto de selo devido aos medicamentos[11] de modo a não encarecer o custo final da penicilina. É importante salientar que a receção da penicilina em Portugal bem como toda a questão político-sanitária e institucional tem que ser entendida no contexto da Segunda Guerra Mundial e no contexto político do Estado Novo e da política de António de Oliveira Salazar. Portugal assumiu oficialmente uma posição neutral durante a Segunda Guerra Mundial. Contudo em Portugal realizaram-se inúmeros contactos diplomáticos e de significativa espionagem[12].

Médicos e farmacêuticos portugueses também evidenciaram um grande interesse pelo medicamento. Desenvolveram importantes trabalhos de revisão[13], inúmeros estudos sobre a sua aplicação terapêutica[14] e trabalhos dedicados a averiguar a qualidade do medicamento[15]. A Escola de Farmácia da Universidade da Coimbra, através dos seus Cursos de Férias, também revelou preocupação em informar os seus alunos e mantê-los atualizados sobre as propriedades e aplicações da penicilina, bem como sobre os métodos da sua preparação[16]. A penicilina foi

---

[8] Arquivo da Cruz Vermelha Portuguesa. Carta do Ministério do Interior - Direção Geral de Saúde Pública em 09 de Setembro de 1944 - Número de ordem de entrada 3788. Em *Livro de correspondência recebida*. Lisboa.

[9] Arquivo da Cruz Vermelha Portuguesa. Carta do Ministério das Finanças - Direção Geral das Alfândegas de 23 de Setembro de 1944 - Número de ordem de entrada 3980. Em *Livro de correspondência recebida*. Lisboa.

[10] Arquivo da Cruz Vermelha Portuguesa. Carta enviada à Direcção Geral das Alfandegas em 11 de Setembro 1944, número de ordem 4406. Em *Livro de correspondência expedida, Volume IX*. Lisboa.

[11] Arquivo da Cruz Vermelha Portuguesa. Carta do Ministério das Finanças - Direção Geral das Alfândegas de 15 de Novembro de 1944 - Número de ordem de entrada 5155. Em *Livro de correspondência recebida*. Lisboa.

[12] Sobre a articulação entre Portugal, os Estados Unidos da América e Brasil na importação da penicilina ver Bell, V., Pereira, A. L. & Pita, J. R. (2015). The reception of penicillin in Portugal during World War II: cooperation with Brazil and the United States of America. *Debater a Europa, 13* (Julho-Dezembro), 143-157.

[13] Os trabalhos de Raúl de Carvalho, Carvalho, R. de. (1944a). Penicilina: Seu estudo entre 1929 e 1943. *Jornal dos Farmacêuticos, III* (25-30), 9–52.; e de Pimentel Barata, Barata, P. (1945a). Penicilina - Revista geral. *Jornal do Médico, VI* (133), 355–360.; são exemplos.

[14] Veja-se os trabalhos realizados por João Manuel Bastos; Bastos, J. M., & Gusmão, E. B. de. (1945). Penicilina e gonorreia. *Imprensa Médica, XI* (15), 235–237.; e por Alexandre Cancela d'Abreu; D'Abreu, A. C., & Lamas, A. (1946). Penicilina por via carotídia. *Jornal da Sociedade das Ciências Médicas de Lisboa, 110* (9), 410–422..

[15] Santos, M. S. dos. (1945). Aferição da penicilina. *Boletim da Escola de Farmácia da Universidade de Coimbra, 5*, 42 – 59.

[16] Dinis, J. C. R. (1945). Vida escolar - Relatório do director da escola de farmácia referente ao ano escolar de 1943-1944. *Boletim da Escola de Farmácia da Universidade de Coimbra, 5*, 239 – 407.

rapidamente introduzida nos hospitais portugueses, tornando-se imprescindível no tratamento de infeções graves[17]. Em Julho de 1945 a penicilina começou a ser vendida nas farmácias. O Grémio Nacional das Farmácias[18] para garantir que o fornecimento do medicamento decorresse sem transtornos enviou uma circular às farmácias portuguesas onde expôs os procedimentos que deveriam ser adotados[19]. A indústria farmacêutica nacional, depois de ter terminado o controlo pela Cruz Vermelha Portuguesa, iniciou a importação de penicilina. O Instituto Pasteur de Lisboa, a Farmácia Barral, a Sociedade Industrial Farmacêutica, os Laboratórios Sanitas e Santos Mendonça, Lda. encontram-se entre primeiros laboratórios a importar e distribuir o medicamento.

## 2.1. A importação da penicilina através da Cruz Vermelha Portuguesa (1944-1945)

As propriedades terapêuticas da penicilina foram divulgadas na comunicação social a 27 de Agosto de 1942 através do artigo "Penicillium"[20] publicado no jornal londrino *The Times*. Após o conhecimento público das propriedades do medicamento, familiares de doentes em situação crítica tentavam, por todos os meios, obter penicilina. Alexan der Fleming recebeu inúmeras cartas de familiares desesperados pedindo o seu auxílio[21]. Howard Florey também foi alvo desses apelos mas a inexistência de penicilina em quantidades suficientes impediram-no de poder colaborar[22]. Em Portugal os apelos para a obtenção de penicilina foram dirigidos à Cruz Vermelha Portuguesa (CVP). Esta instituição humanitária, com delegações em todo o país, recebeu pedidos de familiares e clínicos de doentes para a obtenção do medicamento[23]. Em Março de 1944 a

---

[17] Arquivo da Cruz Vermelha Portuguesa. Requisições de penicilina dos Hospitais Civis de Lisboa. Em *Cruz Vermelha Portuguesa - Junta Consultiva de Distribuição de Penicilina em Portugal, Volume I, 1944 - 1945*. Lisboa.

[18] O Grémio Nacional das Farmácias foi fundado em 1940.

[19] Centro de Documentação Farmacêutica da Ordem dos Farmacêuticos - Delegação Regional de Coimbra. Circular número 66 do Grémio Nacional das Farmácias enviada à Farmácia Cruz Viegas a 13 de Julho de 1945. Em *Documento doado pela Farmácia Cruz Viegas de Coimbra*. Coimbra.

[20] Penicillium. (1942, Agosto 27). *The Times*, p. 5. London, UK.

[21] Maurois, A. (1959). *The life of Sir Alexander Fleming*. New York. Oxford: The Alden Press, 208.

[22] Bud, R. (2007). *Penicillin Triumph and Tragedy*. Oxford: Oxford University Press, 59 .

[23] Arquivo da Cruz Vermelha Portuguesa. Carta enviada à Embaixada do Brasil em 27 de Março 1944 - Número de ordem 1374. *op.cit.* Sobre a Cruz Vermelha, que em 2014 comemora o 150º aniversário, veja-se o volume 66, nº 1, de 2014 da revista *Asclepio* que tem um dossier inteiramente dedicado ao "War, empire, science, progress, humanitarianism. Debate and practice within the international Red Cross movement from 1863 to the interwar period" com introdução de Jon Arrizabalaga; Guillermo Sánchez-Martínez; Jon Arrizabalaga e Guillermo Sánchez-Martínez, Leo van Bergen; e Francisco Javier Martínez-Antonio. Nestes estudos fica bem nítida a natureza assistencial da Cruz Vermelha que era necessariamente a vocação da Cruz Vermelha Portuguesa.

Direção da CVP contactou o Brasil, os EUA e a Grã-Bretanha para tentar obter penicilina[24]. O seu pedido à Grã-Bretanha foi recusado por impossibilidade de fornecimento do medicamento[25]. Os EUA também manifestaram dificuldades em satisfazer o pedido português[26]. O Brasil, após alguma insistência da CVP cedeu doze ampolas de penicilina a Portugal[27].

No decorrer da II Guerra Mundial o Departamento de Estado dos Estados Unidos da América fretou o navio Gripsholm com o objetivo de transportar refugiados de guerra e entregá-los em portos neutros. Os refugiados japoneses eram entregues em Lourenço Marques e os refugiados alemães em Lisboa. Este navio navegava com a bandeira da Cruz Vermelha Internacional e além de efetuar o transporte de refugiados também efetuava entregas de medicamentos. No início de 1944 este navio atracou em Lisboa onde distribuiu medicamentos à CVP. Apesar de existir penicilina a bordo esta não era em quantidade suficiente para poder satisfazer qualquer pedido efetuado por aquela instituição[28].

Face à impossibilidade de obter penicilina por esta via e tendo em vista a sua missão humanitária a CVP dirigiu-se a vários países no sentido de obter o medicamento para Portugal. Em Março de 1944 foram feitos apelos à Legação dos Estados Unidos da América em Lisboa[29], à Embaixada do Brasil[30] bem como às delegações da Cruz Vermelha Americana (CVA)[31] e da Cruz Vermelha

---

A receção da penicilina através da Cruz Vermelha Portuguesa está relacionada com a política assistencial do Estado Novo como temos oportunidade de poder deduzir através da consulta dos documentos em arquivo e analisados para este estudo.

[24] Arquivo da Cruz Vermelha Portuguesa. Ata da Sessão Ordinária da Comissão Central da Cruz Vermelha Portuguesa em 8 de Maio de 1944. Em *Livro de atas da Comissão Central da Cruz Vermelha Portuguesa*. Lisboa.

[25] Arquivo da Cruz Vermelha Portuguesa. Carta da Embaixada Britânica de 09 de Maio de 1944 - Número de ordem de entrada 1800. Em *Livro de correspondência recebida*. Lisboa.

[26] Arquivo da Cruz Vermelha Portuguesa. Carta da Legação dos Estados Unidos da América de 19 de Abril de 1944 - Número de ordem de entrada 1445. Em *Livro de correspondência recebida*. Lisboa.

[27] Arquivo da Cruz Vermelha Portuguesa. Ata da Sessão Ordinária da Comissão Central da Cruz Vermelha Portuguesa em 12 de Junho de 1944. Em *Livro de atas da Comissão Central da Cruz Vermelha Portuguesa*. Lisboa.

[28] Arquivo da Cruz Vermelha Portuguesa. Carta enviada à Embaixada do Brasil em 27 de Março 1944 - Número de ordem 1374, *op.cit.* Este é um dos múltiplos episódios que não permitem entender a questão da divulgação da penicilina sem ser integrada no contexto da II Guerra Mundial.

[29] Arquivo da Cruz Vermelha Portuguesa. Carta enviada à Legação dos EUA em 27 de Março 1944. Em *Livro de correspondência expedida*. Lisboa.

[30] Arquivo da Cruz Vermelha Portuguesa. Carta enviada à Embaixada do Brasil em 27 de Março 1944 - Número de ordem 1374, *op.cit.* Este é um dos múltiplos episódios que não permitem entender a questão da divulgação da penicilina sem ser integrada no contexto da Segunda Guerra Mundial.

[31] Arquivo da Cruz Vermelha Portuguesa. Carta enviada à Cruz Vermelha Americana em 27 de Março de 1944 - Número de ordem 1366. Em *Livro de correspondência expedida, Volume III*. Lisboa.

Brasileira[32] em Lisboa. Nas cartas dirigidas às delegações da Cruz Vermelha era solicitado "que intercedam juntos dos seus governos (...) para que a esta instituição seja enviada qualquer quantidade de penicilina para que possam ser atendidos casos de absoluta e comprovada gravidade"[33]. Foram também feitas tentativas junto da Cruz Vermelha Britânica em Londres[34] e da Embaixada Britânica em Lisboa[35] para a obtenção de penicilina para o nosso país mas a resposta destas instituições foi negativa. Na opinião de Luís Reis Torgal, o Presidente Salazar tentou explicar que a neutralidade de Portugal era sobretudo uma "neutralidade colaborante" com os países considerados aliados (isto após 1942-1943) embora reconhecesse alguma compreensão pela situação alemã[36].

Em Abril de 1944 os apelos por parte da CVP continuaram mas desta vez foram direcionados. Isto é, o medicamento foi pedido para uma doente específica. A 14 de Abril de 1944 a CVP requisitou, à sua congénere brasileira, penicilina para salvar a vida de Maria do Carmo Domingues Melo Trigueiros uma menina de 13 anos neta do General Luís Domingues[37]. É muito interessante a consulta de correspondência no arquivo da CVP. Na mesma data, em carta, enviada à Emissora Nacional regista--se o seguinte: "a Cruz Vermelha Portuguesa pede à Emissora Nacional que no seu noticiário desta noite, principalmente através da estação de ondas curtas que é ouvida no Brasil, apoie o seu pedido e apelo feito telegraficamente pela Embaixada do Brasil a nosso pedido para que o Governo Brasileiro nos envie uma certa quantidade de 'Penicilina' com destino à menina Maria do Carmo Domingues Melo Trigueiros"[38]. Analisando a correspondência existente no Arquivo da CVP verificamos que no dia seguinte foi feito um novo apelo ao Governo Brasileiro, neste apelo dirigido ao Coronel José Senna de Vasconcelos, adido militar dos Estados Unidos do Brasil e delegado da Cruz Vermelha Brasileira em Lisboa, tendo sido reforçado o pedi- do de penicilina para Maria do Carmo Domingues Melo Trigueiros, doente do

---

[32] Arquivo da Cruz Vermelha Portuguesa. Carta enviada à Cruz Vermelha Brasileira em 27 de Março 1944, número de ordem 1368, *op.cit.*

[33] Arquivo da Cruz Vermelha Portuguesa. Carta enviada à Cruz Vermelha Americana em 27 de Março de 1944 - Número de ordem 1366, *op.cit.*

[34] Arquivo da Cruz Vermelha Portuguesa. Carta da Cruz Vermelha Britânica de 22 de Maio de 1944 - Número de ordem de entrada 2013. Em *Livro de correspondência recebida*. Lisboa.

[35] Arquivo da Cruz Vermelha Portuguesa. Carta da Embaixada Britânica de 09 de Maio de 1944 - Número de ordem de entrada 1800, *op.cit.*

[36] Torgal, L. R. (2009). Estados Novos, Estado Novo. Coimbra: Imprensa da Universidade de Coimbra. Ver ainda sobre o mesmo assunto: Carrilho, M., Rosas, F., Barros, J. L. de, Neves, M., Oliveira, J. M. P. de, e Cruz, J. de M. (1989). *Portugal na Segunda Guerra Mundial: contri- butos para uma reavaliação*. Lisboa: Publicações Dom Quixote e Torgal, L. R., e Paulo, H. (Eds.). (2008). *Estados autoritários e totalitários e suas representações: Propaganda, Ideologia, Historiografia e Memória*. Coimbra: Imprensa da Universidade de Coimbra.

[37] Arquivo da Cruz Vermelha Portuguesa. Carta enviada à Embaixada do Brasil em 14 de Abril 1944 - Número de ordem 1618. Em *Livro de correspondência expedida, Volume IV*. Lisboa.

[38] Arquivo da Cruz Vermelha Portuguesa. Carta enviada à Emissora Nacional em 14 de Abril 1944 - Número de ordem 1622. Em *Livro de correspondência expedida, Volume IV*. Lisboa.

Dr. Humberto Silva Nunes, e também foi solicitado o medicamento para António Mousinho Almadanim, doente do Dr. Armando Luzes[39].

O transporte da penicilina vinda do Brasil constituía um problema que poderia dificultar a acessibilidade do medicamento a Portugal. Para ultrapassar este obstáculo a CVP contactou a *Pan American Airways* (companhia de aviação que efetuava voos transatlânticos) pedindo a sua colaboração para efetuar o transporte das ampolas de penicilina pedidas ao Brasil[40]. A companhia aérea prontamente se disponibilizou a auxiliar a CVP na sua missão de "tentar salvar a vida de dois compatriotas"[41]. Em 17 de Abril de 1944 a instituição humanitária informou o Coronel José Senna Vasconcelos adido da Cruz Vermelha Brasileira que a *Pan American Airways* aceitou efetuar o transporte da penicilina e que poderia ser contactada a sua delegação no Brasil para efetivar o transporte[42]. No mesmo dia a Cruz Vermelha Brasileira no Rio de Janeiro foi informada sobre esta situação por telegrama. O caso era de tal modo urgente que lhes foi dito "pode usar o primeiro avião"[43].

Os clínicos Armando Luzes e Humberto Silva Nunes foram mantidos ao corrente de todas as diligências tomadas pela Cruz Vermelha Portuguesa para a obtenção de penicilina para os seus doentes, António Mousinho Almadanim[44] e Maria do Carmo Domingues Melo Trigueiros[45]. Em cartas datadas de 19 de Abril de 1944 os clínicos foram informados sobre os pedidos efetuados à Embaixada do Brasil e à Cruz Vermelha Brasileira, aos apelos feitos através da Emissora Nacional e sobre a autorização da *Pan American Airways* para a utilização dos seus aviões para efetuar o transporte do medicamento.

A importância que CVP atribuiu à obtenção de penicilina foi notável, traduzida na rapidez de atuação, nas iniciativas tomadas e na insistência junto das instituições. O assunto de obtenção de penicilina tornou-se assim uma das suas prioridades. Na Sessão Ordinária da Comissão Central da CVP de 8 de Maio de 1944[46] foram

---

[39] Arquivo da Cruz Vermelha Portuguesa. Carta enviada ao Coronel José Senna de Vasconcelos em 15 de Abril 1944 - Número de ordem 1691. Em *Livro de correspondência expedida, Volume IV*. Lisboa.

[40] Arquivo da Cruz Vermelha Portuguesa. Carta enviada à Pan American Airways em 15 de Abril 1944 - Número de ordem 1689. Em *Livro de correspondência expedida, Volume IV*. Lisboa.

[41] Arquivo da Cruz Vermelha Portuguesa. Carta enviada à Pan American Airways em 19 de Abril 1944 - Número de ordem 1776. Em *Livro de correspondência expedida, Volume IV*. Lisboa.

[42] Arquivo da Cruz Vermelha Portuguesa. Carta enviada à Cruz Vermelha Brasileira em Lisboa em 17 de Abril de 1944 - Número de ordem 1692. Em *Livro de correspondência expedida, Volume IV*. Lisboa.

[43] Arquivo da Cruz Vermelha Portuguesa. Telegrama enviado à Cruz Vermelha Brasileira em 17 de Abril 1944 - Número de ordem 1693. Em *Livro de correspondência expedida, Volume IV*. Lisboa.

[44] Arquivo da Cruz Vermelha Portuguesa. Carta enviada ao Dr. Armando Luzes em 19 de Abril 1944 - Número de ordem 1764. Em *Livro de correspondência expedida, Volume IV*. Lisboa.

[45] Arquivo da Cruz Vermelha Portuguesa. Carta enviada ao Dr. Humberto Silva Nunes em 19 de Abril 1944 - Número de ordem 1774. Em *Livro de correspondência expedida, Volume IV*. Lisboa.

[46] Arquivo da Cruz Vermelha Portuguesa. Ata da Sessão Ordinária da Comissão Central da Cruz Vermelha Portuguesa em 8 de Maio de 1944, *op.cit.*

discutidos os esforços efetuados na obtenção do medicamento junto do Brasil, dos EUA e do Reino Unido.

Em Maio de 1944 as diligências realizadas fizeram-se sentir. Surgiu a notícia que Portugal iria receber as primeiras doses de penicilina, vindas do Brasil[47]. Este país produzia, desde 1942, penicilina para fins terapêuticos[48] e para a realização de ensaios clínicos[49]. No Instituto Oswaldo Cruz[50], localizado no Rio de Janeiro, além de serem realizados diversos trabalhos com penicilina também foi produzido o antibiótico[51]. Fontes consultadas no decurso da nossa investigação[52] levam-nos a supor que a penicilina enviada para Portugal pelo Brasil terá sido produzida naquele instituto.

Na época toda a informação transmitida ao público era alvo de análise pela Direção dos Serviços de Censura, só as notícias aprovadas por esta entidade eram publicadas. Para evitar "um elevado número de pedidos do medicamento, impossíveis de atender"[53] a direção da CVP solicitou àqueles Serviços que impedissem a publicação de qualquer notícia sobre a chegada de penicilina vinda do Brasil.

A 17 de Maio de 1944 surgiu a confirmação de que o Brasil iria enviar penicilina para Portugal, o Coronel José Senna Vasconcelos informou, por carta, a CVP desta situação[54]. No mesmo dia, representantes desta instituição foram "esperar um 'Clipper'"[55] chegado à noite"[56] mas o "precioso medicamento"[57] não se encontrava a bordo. A 20 de Maio de 1944 a CVP agradeceu à sua congénere

[47] Arquivo da Cruz Vermelha Portuguesa. Carta enviada à Cruz Vermelha Brasileira em 20 de Maio 1944 - Número de ordem 2463. Em *Livro de correspondência expedida, Volume V*. Lisboa.

[48] Cardoso, H. T., Felippe, M. I. C., Pirro, C., & Bona, E. M. (1945). Produção de penicilina terapêutica. *Memórias do Instituto Oswaldo Cruz, 43*(1), 161–170.

[49] Cunha, A. M. Da, Leão, A. E. A., Guimarães, F. N., & Cardoso, H. T. (1944). Ensaios terapêuticos com penicilina. I - Bouba. *Memórias do Instituto Oswaldo Cruz, 40*(2), 195–200.

[50] A 23 de Julho de 1900 foi inaugurado, no Rio de Janeiro, o Instituto Soroterápico Federal que a 19 de março de 1908 adotou a denominação de Instituto Oswaldo Cruz.

[51] Cf. Instituto Oswaldo Cruz. (1974). A Escola de Manguinhos. Contribuição para o estudo do desenvolvimento da medicina experimental no Brasil. Em *Oswaldo Cruz: monumenta histórica* (p. 74). Empresa Gráfica da Revista dos Tribunais.

[52] Instituto Oswaldo Cruz. (1945). Divisão de Microbiologia e Imunologia. Em *Relatório dos trabalhos realizados durante o ano de 1944, apresentado ao Diretor Geral do Departamento Nacional de Saúde, Dr. Roberval Cordeiro de Farias pelo Dr. Henrique de Beaurepaire Rohan Aragão Diretor* (pp. 14–15). Rio de Janeiro: Imprensa Nacional.

[53] Arquivo da Cruz Vermelha Portuguesa. Carta enviada à Direcção dos Serviços de Censura em 12 de Maio 1944 - Número de ordem 2252. Em *Livro de correspondência expedida, Volume V*. Lisboa.

[54] Arquivo da Cruz Vermelha Portuguesa. Carta enviada à Cruz Vermelha Brasileira em 20 de Maio 1944 - Número de ordem 2463, *op.cit.*

[55] Clipper é a designação de um hidroavião utilizado durante a II Guerra Mundial para o transporte de passageiros e mercadorias.

[56] Arquivo da Cruz Vermelha Portuguesa. Carta enviada à Cruz Vermelha Brasileira em 20 de Maio 1944 - Número de ordem 2463, *op.cit.*

[57] Ibid.

brasileira, para a instituição humanitária portuguesa "esse envio agora anunciado oficialmente constitui o justo êxito (...) e vem revelar (...) a forma sempre pronta como o Brasil, Nação Irmã e Amiga, procura atender Portugal. A nossa gratidão por tal não pode ter limites"[58].

No mesmo dia em que foi enviada esta carta, morreu Maria do Carmo Domingues Melo Trigueiros. Na carta de condolências enviada a Joaquim de Melo Trigueiros pela morte da sua filha a CVP lamenta que a menina para quem foram pedidas as doses de penicilina tenha falecido nas vésperas da chegada do medicamento que, supostamente, lhe poderia ter salvado a vida[59].

Os pedidos de penicilina para o tratamento de doentes graves eram muitos e a lista de espera grande. Como tal, a CVP imediatamente comunicou à Cruz Vermelha Brasileira o falecimento de Maria do Carmo Domingues Melo Trigueiros e informou que caso cheguem as duas ampolas de penicilina, uma seria entregue ao Dr. Armando Luzes e a outra ao Dr. França e Sousa para a doente Maria do Carmo Catalão. Este último clínico[60] e familiares da doente já haviam contactado a Cruz Vermelha Brasileira no sentido de obterem penicilina para o seu tratamento[61].

As ampolas de penicilina solicitadas ao Brasil chegaram a Portugal em 24 de Maio de 1944[62], após a insistência da CVP junto da sua congénere brasileira para a obtenção do medicamento[63]. Em telegrama enviado à Cruz Vermelha Brasileira no Rio de Janeiro, em 24 de Maio de 1944, a CVP acusou a receção e agradeceu o envio de doze ampolas do medicamento. Neste telegrama foi solicitada informação sobre o número de unidades contidas em cada ampola de penicilina[64]. Este pedido de informação pode parecer-nos descontextualizado, pois para conhecermos a dosagem e a posologia de um determinado medicamento basta-nos ler o folheto informativo do mesmo, no entanto, em 1944 as informações sobre a penicilina eram escassas e embora a imprensa especializada nacional tentasse manter os profissionais de saúde informados das novidades terapêuticas que surgiam no estrangeiro a experiência prática existente no nosso país era muito limitada. Por isso foram tomadas todas as medidas necessárias para assegurar a administração correta do medicamento de forma que a eficácia fosse máxima e o desperdício mínimo. A penicilina encontrava-se

---

[58] Ibid.

[59] Arquivo da Cruz Vermelha Portuguesa. Carta enviada a Joaquim de Melo Trigueiros em 22 de Maio 1944 - Número de ordem 2521. Em *Livro de correspondência expedida, Volume VI*. Lisboa.

[60] Arquivo da Cruz Vermelha Portuguesa. Carta do Dr. França de Sousa em 17 de Maio de 1944 - Número de ordem de entrada 1933. Em *Livro de correspondência recebida*. Lisboa.

[61] Arquivo da Cruz Vermelha Portuguesa. Carta enviada à Cruz Vermelha Brasileira em 22 de Maio 1944 - Número de ordem 2504. Em *Livro de correspondência expedida, Volume VI*. Lisboa.

[62] Arquivo da Cruz Vermelha Portuguesa. Telegrama enviado à Cruz Vermelha Brasileira em 24 de Maio 1944. Em *Livro de correspondência expedida, Volume VI*. Lisboa.

[63] Arquivo da Cruz Vermelha Portuguesa. Carta enviada à Cruz Vermelha Brasileira em 27 de Março 1944, número de ordem 1368, *op.cit.*

[64] Arquivo da Cruz Vermelha Portuguesa. Telegrama enviado à Cruz Vermelha Brasileira em 24 de Maio 1944, *op.cit.*

na forma de um pó amarelo em ampolas de vidro, necessitava de ser reconstituída em água destilada ou soro fisiológico[65] e entre a reconstituição e a administração deveriam ser mantidas rigorosas condições de assepsia[66].

Nos telegramas de agradecimento pela oferta da penicilina enviados pela CVP ao Coronel Senna Vasconcelos, delegado da Cruz Vermelha Brasileira[67], e ao Embaixador do Brasil[68] em Lisboa, foi indicado que a notícia deveria ser mantida confidencial não podendo ser feita qualquer comunicação à imprensa. Esta medida destinava-se a evitar que fossem efetuados mais pedidos de penicilina à CVP que seriam impossíveis de atender. Contudo e apesar das precauções da instituição humanitária portuguesa a notícia da chegada de penicilina do Brasil foi divulgada na comunicação social. O jornal *Diário da Manhã* publicou em primeira página da sua edição de 30 de Maio de 1944 a notícia "Cruz Vermelha brasileira remeteu à Cruz Vermelha Portuguesa doze ampolas de Penicilina, as quais chegaram no 'Clipper'"[69]. Através desta notícia os leitores foram informados sobre a chegada de 12 ampolas de penicilina do Brasil. Também ficaram conhecedores das diligências efetuadas pela CVP para a obtenção do antibiótico, das solicitações que a instituição humanitária efetuou à Emissora Nacional, bem como do pedido de colaboração feito à *Pan American Airways* para efetuar o transporte da penicilina desde o Brasil. Também foi divulgado o nome do clínico recetor da penicilina assim como os cuidados observados para a manutenção das condições de conservação do antibiótico. No final da notícia foi feita advertência que os países produtores do antibiótico o reservavam para utilização nas suas forças armadas e que existiam grandes dificuldades na sua obtenção. Contudo, a mesma notícia referia que apesar deste impedimento a CVP iria continuar a empenhar-se para tentar obter penicilina para Portugal. A relevância dada à receção da penicilina em Portugal é evidente, em nosso entender, pela divulgação da notícia na primeira página do jornal. Outros jornais diários também veicularam a notícia sobre a receção de penicilina proveniente do Brasil, embora o teor das notícias seja idêntico em quase todos; por vezes apresentam-se com títulos diferentes e em alguns casos são acrescentadas algumas informações. No *Comércio do Porto* a notícia "Chegou ontem, no 'clipper', a Lisboa, vinda do Brasil uma nova dose de penicilina"[70] surge na primeira

---

[65] Mais informações sobre a Penicilina. (1944). *Portugal Médico*, (10), 422 – 423.

[66] Loureiro, J. M. de. (1944a). Penicilina - Novas possibilidades de aplicação. *Jornal do Médico*, 5(101), 175.

[67] Arquivo da Cruz Vermelha Portuguesa. Telegrama para o Coronel Senna Vasconcelos de 24 de Maio 1944. Em *Livro de correspondência expedida, Volume VI*. Lisboa.

[68] Arquivo da Cruz Vermelha Portuguesa. Telegrama enviado ao Embaixador Brasil em Lisboa em 24 de Maio 1944. Em *Livro de correspondência expedida*. Lisboa.

[69] A Cruz Vermelha brasileira remeteu à Cruz Vermelha Portuguesa doze ampolas de Penicilina, as quais chegaram no «Clipper». (1944, Maio 30). *Diário da Manhã*, p. 1;6. Lisboa.

[70] Chegou ontem, no «clipper», a Lisboa, vinda do Brasil uma nova dose de penicilina. (1944, Maio 30). *O Comércio do Porto*, p. 1. Porto.

página do jornal e as informações foram idênticas às transmitidas no *Diário da Manhã*. No *Diário de Notícias* a notícia foi veiculada, também em primeira página, com título "Chegou a Lisboa Nova dose de penicilina oferecida pela Cruz Vermelha Brasileira para tratamento urgente"[71] onde além das informações anteriormente referidas também se faz uma descrição da embalagem recebida e do custo do tratamento que estava estimado em 200 contos (aproximadamente 1000 euros). *O Primeiro de Janeiro* noticia "Mais uma porção de penicilina chegou a Lisboa transportada por um 'Clipper'"[72] não acrescentando qualquer informação relevante ao anteriormente mencionado. No jornal *O Século* a notícia "Outra dose de penicilina veio do Brasil para se tratar um doente"[73] menciona que o doente a quem irá ser administrada a penicilina padece de uma infeção rebelde e que embora o antibiótico já esteja disponível o clínico, Armando Luzes, aguarda indicações sobre a dosagem do mesmo para iniciar a sua aplicação. O jornal *República* também faz referência a este facto, como o evidencia claramente o título da notícia "A penicilina chegada há dias a Lisboa não pode, por enquanto, começar a ser aplicada"[74]. No *Jornal do Comércio* a notícia "Para tentativa de cura de dois doentes portugueses a Cruz Vermelha Brasileira enviou por via aérea à Cruz Vermelha Portuguesa 12 ampolas de "penicilina""[75] veicula as mesmas informações transmitidas pelo *Diário da Manhã* sobre a receção do antibiótico.

Na Sessão Ordinária da Comissão Central da CVP de 18 de Outubro de 1944 foi aprovada a concessão da "Cruz Vermelha de Benemerência ao senhor Coronel José Senna Vasconcelos, Adido Militar dos Estados Unidos do Brasil e Delegado da respetiva Cruz Vermelha, pessoa que conseguiu a primeira Penicilina oferecida pela sua nação para salvarmos uma vida"[76]. Esta condecoração foi registada no Livro de Condecorações atribuídas pela CVP a 7 de Dezembro de 1944 com o número 36842[77].

---

[71] Chegou a Lisboa Nova dose de penicilina oferecida pela Cruz Vermelha Brasileira para tratamento urgente. (1944, Maio 30). *Diário de Notícias*, p. 1;2. Lisboa.

[72] Mais uma porção de penicilina chegou a Lisboa transportada por um «Clipper». (1944, Maio 30). *O Primeiro de Janeiro*, p. 1. Porto.

[73] Outra dose de penicilina veio do Brasil para se tratar um doente. (1944, Maio 30). *O Século*, p. 6. Lisboa.

[74] A penicilina chegada há dias a Lisboa não pode, por enquanto, começar a ser aplicada. (1944, Maio 30). *República*, p. 5. Lisboa.

[75] Para tentativa de cura de dois doentes portugueses a Cruz Vermelha Brasileira enviou por via aérea à Cruz Vermelha Portuguesa 12 ampolas de «penicilina». (1944, Maio 30). *Jornal do Comércio*, p. 1. Lisboa.

[76] Arquivo da Cruz Vermelha Portuguesa. Ata da Sessão Ordinária da Comissão Central da Cruz Vermelha Portuguesa em 18 de Outubro de 1944. Em *Livro de atas da Comissão Central da Cruz Vermelha Portuguesa*. Lisboa.

[77] Arquivo da Cruz Vermelha Portuguesa. Condecoração número 36842 atribuída a José Carlos de Senna Vasconcelos em 7 de Dezembro de 1944. Em *Livro de Condecorações*. Lisboa.

Notícias sobre a chegada de penicilina a Portugal, em Abril de 1944, já haviam sido veiculadas na imprensa generalista e no *Jornal do Médico*. O *Diário de Lisboa* publicou a 11 de Abril de 1944 a notícia "A Penicilina vai ser aplicada pela primeira vez em Portugal"[78]. Nesta notícia os leitores são informados sobre a chegada de 12 ampolas de penicilina oferecidas pelo Brasil. De acordo com o *Diário de Lisboa* o antibiótico havia sido pedido ao Brasil pelo Professor Doutor Fernando da Fonseca[79] na tentativa de salvar a vida de uma criança gravemente enferma. Como a criança faleceu antes da chegada da penicilina, o antibiótico foi confiado ao diretor do Hospital Escolar de Lisboa (Stª Marta), Professor Doutor Adelino Padesca[80], para que fosse guardada nos serviços farmacêuticos daquele hospital. A notícia informa ainda que a penicilina, produzida no Instituto Oswaldo Cruz no Rio de Janeiro, foi transportada de avião pelo cônsul adjunto do Brasil, Dr. Nivaldo Teles Ferreira. A 12 de Abril de 1944, o *Diário de Lisboa* noticia que no dia anterior "A penicilina foi para o Porto"[81] para tratamento de uma doente em perigo de vida devido a uma septicémia estafilocócica. A notícia identifica os clínicos da doente, Professor Doutor Carlos Ramalhão[82], Dr. Aloísio Coelho e o Dr. Camilo de Figueiredo e refere a intervenção do ministro da Educação Nacional e do ministro da Marinha na obtenção da penicilina para o tratamento da doente na cidade do Porto. Refere a mesma notícia ainda a hora em que o antibiótico começou a ser administrado à doente, a via de administração, o esquema posológico adotado pelos clínicos e que já são visíveis melhorias no estado de saúde da doente. O *Comércio do Porto*[83] também noticiou a chegada de 12 ampolas de penicilina a Lisboa a 11 de Abril de 1944. Informou ainda que o antibiótico foi entregue ao Professor Doutor Adelino Padesca e que subsequentemente foi cedido ao Professor Doutor Carlos Ramalhão, da Faculdade de Medicina do Porto, para o tratamento de uma doente em perigo de vida. Na edição do dia seguinte, 13 de Abril de 1944, os leitores do *Comércio do Porto*[84] são informados que a doente a quem foi administrada

---

[78] A Penicilina vai ser aplicada pela primeira vez em Portugal (1944, Abril 11), *Diário de Lisboa*, p.1;7. Lisboa.

[79] Fenando da Conceição Fonseca (1895-1974). Formou-se em medicina (1918) na Faculdade de Medicina de Lisboa onde se destacou como Professor Catedrático de Propedêutica Médica.

[80] Adelino da Costa Padesca (1887-1967). Em 1908 concluiu a Licenciatura em Medicina na Faculdade de Medicina de Lisboa. Foi Professor Catedrático de Patologia Médica na Faculdade de Medicina de Lisboa. Exerceu o cargo Diretor dos Serviços de Clínica Médica nos Hospitais Civis de Lisboa e foi Diretor do Hospital Escolar de Santa Marta.

[81] A Penicilina foi para o Porto (1944, Abril 12), *Diário de Lisboa*, p.4. Lisboa.

[82] Carlos Faria Moreira Ramalhão (1889-1970). Formou-se em medicina (1914) na Faculdade de Medicina da Universidade do Porto onde foi Professor Catedrático de Higiene e Medicina Social. Colaborou com os periódicos *Portugal Médico, Lisboa Médica* e *Jornal do Médico*.

[83] As primeiras ampolas de penicilina (1944, Abril 12), *Comércio do Porto*, p.1. Porto.

[84] A enferma que está sendo tratada com penicilina tem experimentado sensíveis melhoras. (1944, Abril 13), *Comércio do Porto*. Porto.

penicilina já se encontra melhor. A notícia também esclarece que a obtenção de penicilina para o tratamento desta doente só foi possível devido à intervenção do ministro da Educação Nacional e do ministro da Marinha que disponibilizou um avião anfíbio para efetuar o transporte do antibiótico.

O *Jornal do Médico* também faz referência à chegada de penicilina a Portugal em Abril de 1944. A notícia veiculada no *Jornal do Médico*[85] menciona a origem do pedido do antibiótico, os intervenientes no processo e a sequência de acontecimentos que culminaram com a sua administração a uma doente no Porto.

Na sequência da chegada de penicilina a Portugal o Professor Doutor Adelino Padesca concedeu uma entrevista à revista *Vida Mundial Ilustrada*. Na entrevista, publicada a 20 de Abril de 1944, "O director do Hospital Escolar de Stª Marta fala da Penicilina"[86]. Refere que a primeira remessa de penicilina chegou ao nosso país em Fevereiro de 1944, oriunda do Instituto Oswaldo Cruz, no Rio de Janeiro, a pedido do Dr. Nicolau Soares da Costa, de S. João da Madeira, para tratamento de um paciente diagnosticado com uma infeção estafilocócica. Foram enviadas do Brasil 12 ampolas de penicilina, no entanto, somente sete chegaram intactas a Portugal. O doente melhorou com o tratamento antibiótico mas permaneceu internado num sanatório no Norte. De acordo com Adelino Padesca a remessa de 12 ampolas de penicilina que chegou a Portugal a 11 de Abril de 1944 foi a segunda remessa do antibiótico enviada pelo Instituto Oswaldo Cruz para Portugal. O clínico referiu que a penicilina foi enviada para o Professor Doutor Carlos Ramalhão no Porto para o tratamento de uma doente com uma septicémia estafilocócica. O mesmo clínico mencionou que o antibiótico foi administrado por via intramuscular e que depois de esgotada a penicilina enviada do Brasil a doente continuou o tratamento com penicilina enviada dos Estados Unidos da América[87]. No decurso da entrevista o diretor do Hospital de Stª Marta clarificou algumas questões relacionadas com a penicilina. Esclareceu que a penicilina era um medicamento com grande utilidade terapêutica no tratamento de infeções suscetíveis ao antibiótico mas que não estava isenta de efeitos secundários e que além do antibiótico existiam outros fatores que eram decisivos para a recuperação do doente. Referiu que as quantidades de penicilina rececionadas em Portugal eram insuficientes para as necessidades do nosso país e que não deviam ser criadas falsas expectativas em torno do medicamento.

---

[85] Novidades médicas – Penicilina. (1944). *Jornal do Médico*, 4(82), 319.

[86] O director do Hospital Escolar de Stª Marta fala da Penicilina. (1944, Abril 20), *Vida Mundial Ilustrada*, III (153), p. 17;24. Lisboa.

[87] Não encontrámos no Arquivo da Cruz Vermelha Portuguesa em Lisboa nem na bibliografia científica consultada qualquer referência à chegada de penicilina a Portugal em Fevereiro de 1944 ou ao envio de penicilina para Portugal pelos EUA em datas anteriores a Setembro de 1944. Sobre a receção de penicilina em Portugal em Abril de 1944 apenas encontrámos as informações que foram divulgadas na imprensa generalista e no *Jornal do Médico*.

## 2.2. A Junta Consultiva para a Distribuição de Penicilina em Portugal (1944-1945)

A penicilina oferecida pelo Brasil embora constituísse um sucesso não foi em quantidade suficiente para satisfazer os vários pedidos do medicamento que surgiam diariamente na CVP. A instituição humanitária persistiu com o seu intento em conseguir um fornecimento regular de penicilina para Portugal insistindo com o governo americano para que cedesse o medicamento ao nosso país[88]. A 5 de Maio de 1944 em resposta às solicitações da CVP o delegado da instituição americana informou "que julga possível a vinda de 'Penicilina', dentro de breve tempo"[89]. A 1 de Julho de 1944 o Delegado da CVA solicitou uma entrevista à sua congénere portuguesa para "tratar de penicilina"[90]. Não temos conhecimento da data em que ocorreu a reunião mas sabemos que uma das condições impostas pelo governo americano para fornecer o medicamento seria a constituição de uma comissão controladora para a análise dos pedidos e controlo da distribuição da penicilina em Portugal[91].

Nos EUA encontrava-se a funcionar desde 1 de Maio de 1944 a Civilian Penicillin Distribution Unit. Esta comissão constituída por membros do Office of Scientific Research and Development, do War Production Board, do Public Health Service e da American Medical Association tinha como objetivo a distribuição de penicilina na população civil americana. Quotas mensais do medicamento eram fornecidas a hospitais previamente designados. Estes armazenavam-no e distribuíam-no mediante as diretivas do Civilian Penicillin Distribution Unit [92]. Os EUA começaram a exportar penicilina, para ser distribuída por comissões controladoras noutros países, a partir de Junho de 1944; neste mês foi exportado um bilião de unidades do antibiótico; em Julho e Agosto dois biliões de unidades e em Setembro de 1944 foram exportados três biliões de unidades de penicilina[93].

Com a finalidade de cumprir o requisito imposto pelo governo americano a 5 de Julho o Presidente da CVP enviou um convite ao Prof. Doutor Francisco Gentil[94] solicitando-lhe que presidisse a uma comissão cujo propósito seria

---

[88] Arquivo da Cruz Vermelha Portuguesa. Ata da Sessão Ordinária da Comissão Central da Cruz Vermelha Portuguesa em 8 de Maio de 1944, *op.cit.*

[89] Arquivo da Cruz Vermelha Portuguesa. Carta do Delegado da Cruz Vermelha Americana de 05 de Maio de 1944 - Número de ordem de entrada 1715. Em *Livro de correspondência recebida*. Lisboa.

[90] Arquivo da Cruz Vermelha Portuguesa. Carta do Delegado da Cruz Vermelha Americana de 01 de Julho de 1944 - Número de ordem de entrada 2758. Em *Livro de correspondência recebida*. Lisboa.

[91] Arquivo da Cruz Vermelha Portuguesa. Carta enviada ao Dr. Armando Luzes em 12 de Julho 1944 - Número de ordem 3505. Em *Livro de correspondência expedida, Volume VIII*. Lisboa.

[92] Lesch, *The First Miracle Drugs: How the Sulfa Drugs Transformed Medicine, op.cit.*, 224.

[93] Penicillin: A Wartime Accomplishment. (1945). *Chemical & Engineering News, 23*(24), 2310–2316.

[94] Francisco Gentil (1878-1964) foi um dos mais prestigiados médicos portugueses do seu tempo. Foi cirurgião e professor da Faculdade de Medicina da Universidade de Lisboa, da qual

controlar a distribuição de penicilina no nosso país[95], no dia 7 de Julho o Prof. Doutor Gentil aceitou o convite assegurando que "pode contar com a s/ colaboração"[96]. Os restantes membros, Prof. Doutor Fernando da Fonseca[97], o Prof. Doutor João Maia Loureiro[98] e o Dr. Ernesto Galeão Roma[99] foram convidados a integrar a comissão a 10 de Julho. Sabemos que a 12 de Julho foi feito o convite ao Dr. Armando Luzes para colaborar com a CVP na distribuição de penicilina[100], no entanto, apesar de não termos encontrado a carta de resposta do clínico sabemos que terá recusado este convite visto o seu nome não constar na lista de elementos constituintes da Junta Consultiva da Cruz

---

foi diretor. Com forte influência nos meios sociais e políticos da época, Francisco Gentil sendo o principal impulsionador do Instituto Português de Oncologia, fundado em 1923 com o nome de Instituto Português para o Estudo do Cancro. O Instituto Português tem o nome de Francisco Gentil.

[95] Arquivo da Cruz Vermelha Portuguesa. Carta de Francisco Gentil em 13 de Abril de 1945. Em *Cruz Vermelha Portuguesa - Junta Consultiva de Distribuição de Penicilina em Portugal - Volume II, 1944 - 1949*. Lisboa.

[96] Arquivo da Cruz Vermelha Portuguesa. Carta de Francisco Gentil de 7 de Julho de 1944 – Número de ordem de entrada 2917. Em *Livro de correspondência recebida*. Lisboa.

[97] Arquivo da Cruz Vermelha Portuguesa. Carta enviada a Fernando da Fonseca em 10 de Julho de 1944 - Número de ordem 3471. Em *Livro de correspondência expedida, Volume VII*. Lisboa. Fernando da Fonseca (1895-1974) foi professor da Faculdade de Medicina da Universidade de Lisboa, sendo professor de Propedêutica Médica, e médico dos Hospitais Civis de Lisboa. Exerceu uma conhecida atividade clínica e deixou um conjunto vasto de publicações científicas. Estagiou nos Estados Unidos da América na área da oncologia. Exerceu, também, significativa atividade cívica criticando por vezes a atuação do Governo em matérias de assistência na doença, como aconteceu em 1947 numa reunião do Movimento da Unidade Democrática, movimento político de oposição ao governo de Salazar, ilegalizado em 1948. O Hospital Amadora Sintra tem o nome de Fernando Fonseca.

[98] Arquivo da Cruz Vermelha Portuguesa. Carta enviada a João Maia Loureiro em 10 de Julho de 1944 - Número de ordem 3486. Em *Livro de correspondência expedida, Volume VII*. Lisboa. João Maia Loureiro (1901-1948) foi professor da Faculdade de Medicina de Lisboa tendo exercido clínica nos Hospitais Civis de Lisboa e no Instituto Português de Oncologia. Esteve por diversas vezes no estrangeiro a realizar estágios em diversas áreas da medicina. Dedicou-se com particular destaque no campo da saúde pública e da epidemiologia e às análises clínicas tendo sido entre outros cargos chefe de serviço e médico analista dos Hospitais Civis de Lisboa e diretor do Instituto Bacteriológico Câmara Pestana (Lisboa).

[99] Arquivo da Cruz Vermelha Portuguesa. Carta enviada a Ernesto Galeão Roma em 10 de Julho de 1944 - Número de ordem 3473. Em *Livro de correspondência expedida, Volume VII*. Lisboa. Ernesto Galeão Roma (1887-1978) foi um prestigiado médico português que teve particular interesse pela diabetes. Esteve nos Estados Unidos da América onde presenciou algumas das primeiras aplicações de insulina. Em Portugal, além da atividade clínica fundou em 1926 a Associação Protetora dos Diabéticos Pobres mais tarde designada por Associação Protetora dos Diabéticos de Portugal (APDP) e que depois de transformou em Fundação Ernesto Roma - APDP, uma instituição pioneira a este nível no plano mundial.

[100] Arquivo da Cruz Vermelha Portuguesa. Carta enviada ao Dr. Armando Luzes em 12 de Julho 1944 - Número de ordem 3505, *op.cit.*

Vermelha Portuguesa para a Distribuição de Penicilina em Portugal[101]. O lugar oferecido a Armando Luzes foi ocupado pelo Dr. Luís António Xavier Júnior, tenente médico, secretário e subinspetor do material hospitalar, cirúrgico e de pensos da CVP. Em Março de 1945 Luís António Xavier Júnior foi substituído pelo Dr. Formosinho Sanches[102] que ocupava o cargo de Inspetor do Corpo Ativo da CVP[103]. Todos os membros que integraram a Junta Consultiva eram médicos de renome, como o Prof. Doutor. Fernando da Fonseca e o Prof. Doutor. Francisco Gentil conhecidos ainda hoje, principalmente este último, como fundador do Instituto Português de Oncologia (IPO) e grande impulsionador do tratamento e acompanhamento de doentes oncológicos[104].

A Junta Consultiva da Cruz Vermelha Portuguesa para a Distribuição da Penicilina em Portugal[105] (JCDPP), passou a ter a seguinte constituição: Professor Doutor Francisco Gentil (presidente), Dr. Luís António Xavier Júnior (secretário), Professor Doutor Fernando da Fonseca, Professor Doutor João Maia Loureiro e Dr. Ernesto Galeão Roma (como vogais).

Ernesto Roma    Luís António Xavier    F. Gentil    Maia Loureiro

Figura 1: Junta Consultiva para a Distribuição de Penicilina em Portugal[106]

[101] Arquivo da Cruz Vermelha Portuguesa. Carta enviada à Delegação da Cruz Vermelha Portuguesa de Estremoz em 20 de Setembro 1944 - Número de ordem 4524. Em *Livro de correspondência expedida, Volume X*. Lisboa.

[102] Arquivo da Cruz Vermelha Portuguesa. Carta enviada a Francisco Gentil em 19 de Abril de 1945. Em *Cruz Vermelha Portuguesa - Junta Consultiva de Distribuição de Penicilina em Portugal - Volume II, 1944 - 1949*. Lisboa.

[103] Arquivo da Cruz Vermelha Portuguesa. Carta enviada a Francisco Gentil em 17 de Abril de 1945. Em *Cruz Vermelha Portuguesa - Junta Consultiva de Distribuição de Penicilina em Portugal - Volume II, 1944 - 1949*. Lisboa.

[104] Cf. Costa, R. M. P. (2012). *Luta contra o cancro e oncologia em Portugal. Estruturação e normalização de uma área científica (1839-1974)*. Porto: CITCEM/Edições Afrontamento.

[105] No livro de atas da junta consultiva é-lhe atribuído o nome de Junta Consultiva da Cruz Vermelha Portuguesa para a Distribuição de Penicilina em Portugal, no entanto em correspondência diversa é referida como Junta Consultiva para a Distribuição de Penicilina em Portugal ou Junta Consultiva de Distribuição de Penicilina em Portugal. Para evitar equívocos e de forma a simplificar a leitura futuramente iremos referir-nos a esta comissão como JCDPP.

[106] Botelho, L. S. (1978). *Francisco Gentil (1878-1964)*. Edição da LPCC, 1978, 61.

A 19 de Julho de 1944 o delegado da CVA transmitiu à CVP as "condições em que vai ser fornecida a Penicilina"[107] e na Sessão Ordinária da Comissão Central da CVP de 24 de Julho de 1944 o presidente informou os restantes membros que "está em estudo entre a Cruz Vermelha Portuguesa e Americana a possibilidade de ser fornecida periodicamente a Portugal "Penicilina" com destino a uso civil"[108].

A primeira reunião da JCDPP decorreu a 26 de Julho de 1944 no gabinete do subinspetor do material hospitalar cirúrgico e de pensos da CVP, no Jardim 9 de Abril em Lisboa[109]. Presidiu a esta reunião o vice-almirante Guilherme Ivens Ferraz, vice-presidente da Comissão Central da CVP[110]. Estiveram presentes na reunião Francisco Gentil, João Avelar Maia Loureiro e António Xavier Júnior, como membros da JCDPP e assistiram a esta sessão Roland F. Klein, delegado da CVA, Santos e Silva, funcionário da delegação americana da Cruz Vermelha em Lisboa e João Elviro de Almeida Gomes Barbosa, funcionário dos serviços centrais da CVP. Consta da ata, atrás referida, que Fernando da Fonseca não compareceu na reunião por se encontrar no Porto. Após saudar os presentes "o senhor vice-almirante Ivens Ferraz (...) realça as dificuldades do trabalho que vão ser incumbidas aos médicos recentemente nomeados"[111]. Tomou a palavra Francisco Gentil que na reunião "afirma que deverá ser estabelecida uma perfeita organização, destacando nitidamente a parte científica da administrativa, que será necessário elucidar convenientemente os médicos portugueses sobre o emprego do produto, a fim de se evitar que sejam presentes à Junta pedidos incompreensíveis e injustificáveis; e que deverá ser evitada toda a publicidade sobre o assunto"[112]. Os elementos da JCDPP "após uma breve troca de impressões"[113] aprovaram por unanimidade as seguintes deliberações "Primeiro - que seja estudada a criação duma ficha requisição, com todos os elementos clínicos sobre o doente, incluindo relatórios circunstanciados e resultados de análises, a preencher pelos médicos que desejem fazer qualquer aplicação de penicilina; Segundo - Que

---

[107] Arquivo da Cruz Vermelha Portuguesa. Carta do Delegado da Cruz Vermelha Americana de 19 de Julho de 1944 - Número de ordem de entrada 3066. Em *Livro de correspondência recebida*. Lisboa.

[108] Arquivo da Cruz Vermelha Portuguesa. Ata da Sessão Ordinária da Comissão Central da Cruz Vermelha Portuguesa em 24 de Julho de 1944. Em *Livro de atas da Comissão Central da Cruz Vermelha Portuguesa*. Lisboa.

[109] Arquivo da Cruz Vermelha Portuguesa. Ata da Sessão Ordinária da Junta Consultiva da Cruz Vermelha Portuguesa para a Distribuição da Penicilina em Portugal de 26 de Julho de 1944. Em *Livro de atas da Junta Consultiva da Cruz Vermelha Portuguesa para a Distribuição de Penicilina em Portugal*. Lisboa.

[110] Cruz Vermelha Portuguesa - A sua Comissão Central e as Direções das suas Delegações em ativo serviço em 1943. (1943). *Boletim Oficial Cruz Vermelha Portuguesa*, I(40), 11–15.

[111] Arquivo da Cruz Vermelha Portuguesa. Ata da Sessão Ordinária da Junta Consultiva da Cruz Vermelha Portuguesa para a Distribuição da Penicilina em Portugal de 26 de Julho de 1944, *op. cit.*

[112] Ibid.

[113] Ibid.

as remessas do medicamento sejam confiadas à guarda e em conservação no Instituto Português de Oncologia"[114]. Consta da ata que antes de terminar a sessão entrou Ernesto Galeão Roma e que a próxima reunião ficou agendada para 2 de Agosto de 1944 às 15h30[115]. Da leitura desta ata ficamos conscientes da preocupação revelada por todos os membros da JCDPP sobre a necessidade de uma organização muito rigorosa na distribuição da penicilina e da sua prioridade em esclarecer os médicos portugueses sobre a utilização correta do medicamento no sentido de evitar pedidos injustificáveis. As necessidades específicas de conservação da penicilina também foram resolvidas atempadamente através da resolução do seu armazenamento no IPO onde estas seriam convenientemente respeitadas[116]. A empresa Manufatura Nacional de Fechos de Correr Lda. também ofereceu à CVP "uma geleira destinada à conservação de Penicilina"[117].

Para dar seguimento à resolução destinada a evitar a publicidade sobre a importação de penicilina foi enviada em 26 de Julho de 1944 uma carta à Direção dos Serviços de Censura onde se solicitava "a proibição de quaisquer notícias sobre 'Penicilina'"[118] visto ainda se encontrar em negociação com o governo dos EUA a importação regular do medicamento só sendo conveniente o conhecimento público após a sua concretização.

A JCDPP voltou a reunir em Sessão Ordinária em 2 de Agosto de 1944[119]. A sessão iniciou-se às quinze horas e trinta minutos e decorreu no gabinete do subinspetor do material hospitalar cirúrgico e de pensos da CVP, no Jardim 9 de Abril em Lisboa. Presidiu à sessão Francisco Gentil e estiveram presentes Fernando da Fonseca, João Maia Loureiro, Ernesto Galeão Roma e António Xavier Júnior. Consta da citada ata que "foram lidas as cartas de dezanove e vinte e dois de Julho findo do Delegado em Lisboa da CVA, a primeira das quais transmite as condições expressas em que o Governo dos EUA, através da CVA, cede 'Penicilina' a Portugal e a segunda informando que já foi solicitado telegraficamente a Washington o envio urgente da primeira remessa"[120]. Nesta sessão foi deliberado "encarregar o vogal senhor Professor Fernando da Fonseca

---

[114] Ibid.

[115] Ibid.

[116] Ibid.

[117] Arquivo da Cruz Vermelha Portuguesa. Carta enviada à Manufatura Nacional de Fechos de Correr Lda em 16 de Junho de 1945 - Número de ordem 2607. Em *Livro de correspondência expedida, Volume VI*. Lisboa.

[118] Arquivo da Cruz Vermelha Portuguesa. Carta enviada à Direcção dos Serviços de Censura em 26 de Julho 1944 - Número de ordem 3753. Em *Livro de correspondência expedida, Volume VIII*. Lisboa.

[119] Arquivo da Cruz Vermelha Portuguesa. Ata da Sessão Ordinária da Junta Consultiva da Cruz Vermelha Portuguesa para a Distribuição da Penicilina em Portugal de 2 de Agosto de 1944. Em *Livro de atas da Junta Consultiva da Cruz Vermelha Portuguesa para a Distribuição de Penicilina em Portugal*. Lisboa.

[120] Ibid.

de elaborar a minuta do questionário-requerimento com os quesitos a satisfazer pelos médicos que desejem fazer uso da 'Penicilina', minuta que será entregue ao secretário da Junta para promover a sua impressão e estabelecer o serviço de entrega aos mesmos logo que chegue a Portugal a primeira remessa"[121]. A sessão foi encerrada às dezasseis horas.

O questionário-requerimento, que viria a constituir o documento oficial da CVP para requerer penicilina em Portugal, só poderia ser distribuído a médicos e mediante a apresentação da sua carteira profissional ou por requisição efetuada em papel timbrado para os clínicos que não residissem na capital[122]. O documento consistia num impresso em formato de cerca de 21 cm por 29,7 cm que deveria ser preenchido de ambos os lados[123]. Na frente do documento consta em título "Cruz Vermelha Portuguesa" e em subtítulo "Serviço de distribuição de "Penicilina" em Portugal, de colaboração com a Cruz Vermelha Americana", seguido do número do questionário-requerimento e da instrução "Questionário para ser preenchido pelo Exº clínico que requere 'Penicilina'". Depois surge um campo solicitando o "Nome por extenso do Exº Clínico", "Residência" e "Telef.". Após os dados do médico assistente existia uma área destinada às "Observações respeitantes ao doente em que deseja aplicar a 'Penicilina'" e aqui deveria ser colocado o nome do doente, a sua idade, a profissão exercida, o estado civil e a sua morada. De seguida existia um local destinado a registar os "antecedentes pessoais" e a "história da doença atual". No final desta página era solicitado um "resumo da observação, em documentos a juntar: 1. Gráfico de curva de temperaturas; 2. Estudo bacteriológico visando o isolamento do agente infecioso; 3. Análises clínicas (urina, sangue, v. sedimentação)". O verso do documento solicitava que fosse efetuada a "descrição das terapêuticas usadas" e a "descrição minuciosa das drogas sulfamídicas empregadas, não só em relação aos preparados escolhidos, como ainda em relação às doses diárias, dose total, modo de administração, tempo de tratamento e resultado obtido". Depois o clínico era questionado sobre "como pretende administrar a 'Penicilina'?" e "em que doses?". Para finalizar existia um campo onde o médico assistente deveria colocar "outros elementos que porventura julgue conveniente indicar". Para validar o questionário-requerimento era necessária a data e a assinatura do clínico, como se pode ver no documento abaixo reproduzido.

---

[121] Ibid.

[122] Arquivo da Cruz Vermelha Portuguesa. Carta enviada à Delegação da Cruz Vermelha Portuguesa em Braga em 20 de Setembro de 1944 - Número de ordem 4522. Em *Livro de correspondência expedida, Volume X*. Lisboa. Encontrámos algumas pequenas diferenças nas perguntas do questionário-requerimento.

[123] Arquivo da Cruz Vermelha Portuguesa. Questionário-requerimento de penicilina número 321 de 15 de Novembro de 1944, médico requerente José Cipriano Rodrigues Dinis. Em *Cruz Vermelha Portuguesa - Junta Consultiva de Distribuição de Penicilina em Portugal, Volume I, 1944 - 1945*. Lisboa.

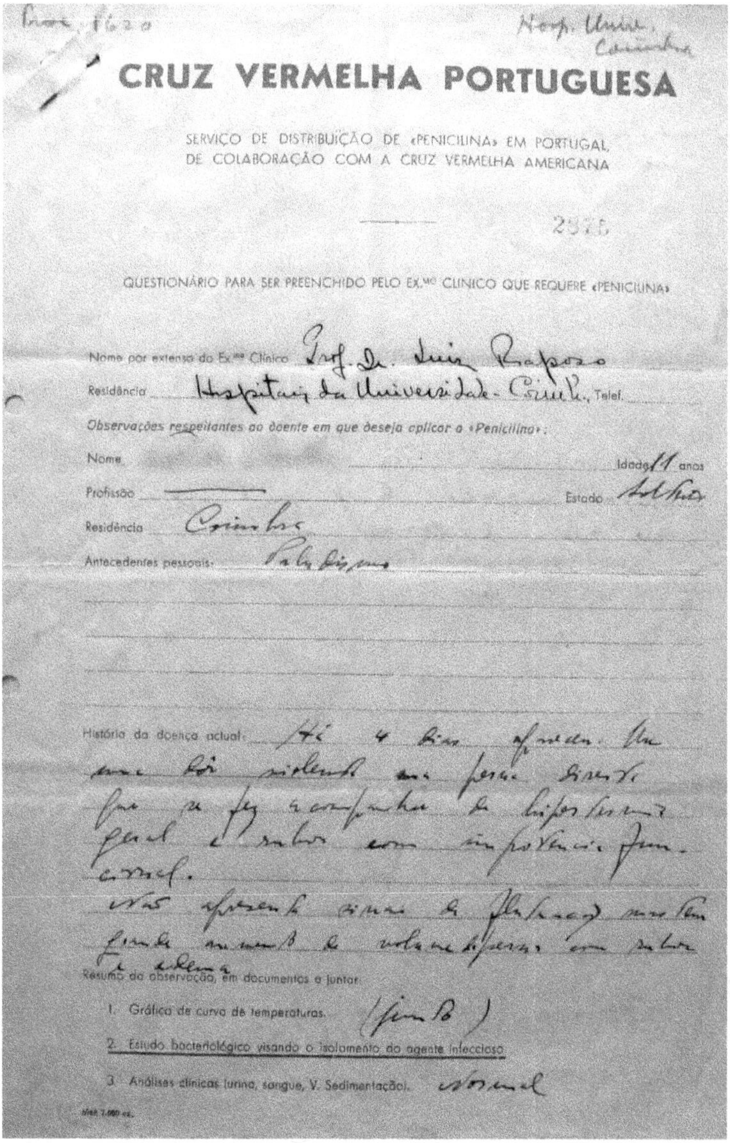

Figura 2: Questionário-requerimento de penicilina (frente)[124]

---

[124] Arquivo da Cruz Vermelha Portuguesa. Questionário-requerimento de penicilina número 2875 de 15 de Janeiro de 1945, médico requerente Luiz Raposo. Em *Cruz Vermelha Portuguesa - Junta Consultiva de Distribuição de Penicilina em Portugal, Volume I, 1944 - 1945*. Lisboa.

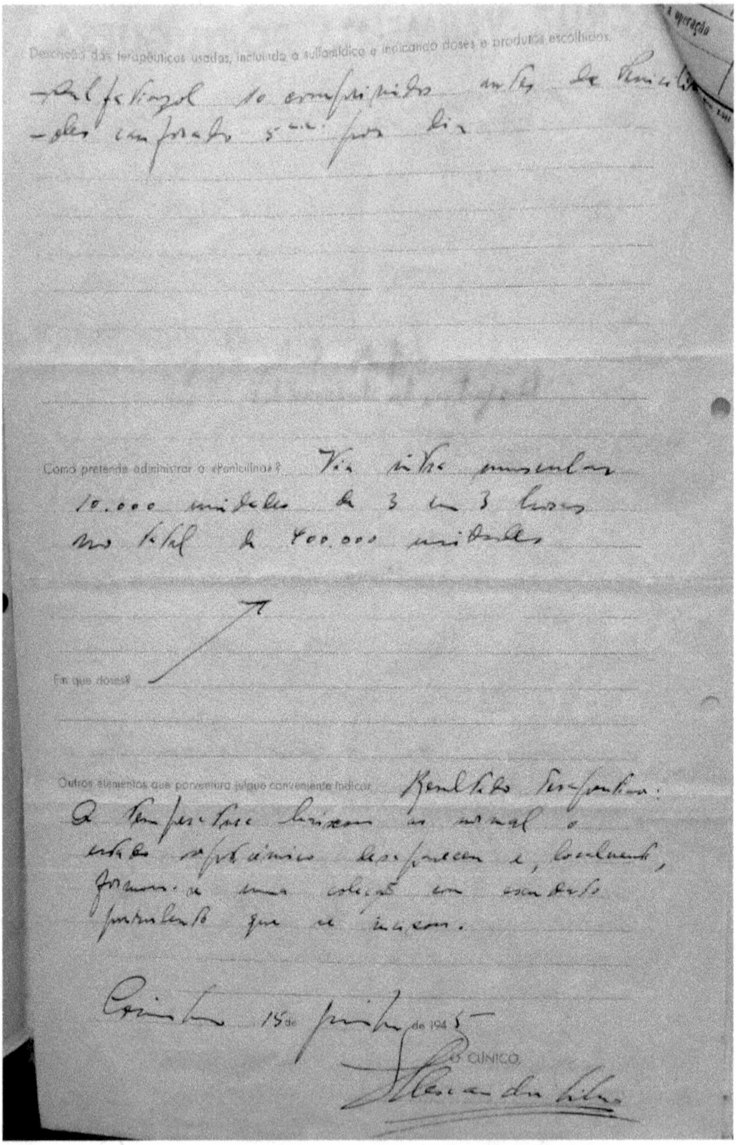

Figura 3: Questionário-requerimento de penicilina (verso)[125]

---

[125] Arquivo da Cruz Vermelha Portuguesa. Questionário-requerimento de penicilina número 2875 de 15 de Janeiro de 1945, médico requerente Luiz Raposo, *op. cit.* Tipologia algo diferente da descrita.

As negociações com o governo americano foram bem-sucedidas e a 2 de Setembro de 1944 o Delegado da CVA informou a CVP sobre a chegada da primeira remessa de penicilina[126]. A penicilina, transportada por um avião da *Pan American Airways*, chegou a Portugal a 8 de Setembro de 1944. No dia seguinte o Secretário-geral da CVP, Luís de Albuquerque Bettencourt, solicitou à Direção Geral de Saúde Pública[127], como se refere na carta, autorização para "receber da Alfandega de Lisboa - Delegação do Aeroporto de Cabo Ruivo" uma encomenda remetida pela "Cruz Vermelha Americana, 45, Broadway N.Y.C." constituída por "1 (um) cartão contendo 100 (cem) tubos de 'Penicilina' (100,000 unidades Oxford por tubo), peso bruto de seis quilos, valor - 179.00 dollars; 1 (um) cartão contendo 400 (quatrocentas) embalagens de 'Penicilina', peso bruto de oito quilos, valor - 1280.00 dollars e 1 (um) cartão contendo 200 (duzentas) embalagens de 'Penicilina', peso bruto de dez quilos, valor - 640.00 dollars"[128]. Conforme se pode observar pela descrição da encomenda existe uma discrepância na nomenclatura utilizada para descrever as ampolas de penicilina, no primeiro "cartão" é utilizada a palavra "tubos" e nas restantes o termo "embalagens". Se dividirmos o valor apresentado para cada "cartão" pelo respetivo número de ampolas surge-nos o valor de 1.79 dólares para cada ampola pertencente ao primeiro "cartão" e 3.2 dólares para cada ampola existente no segundo e terceiro "cartão". Este facto associado ao peso bruto descrito para cada um dos "cartões" leva-nos a assumir que a encomenda para além de penicilina continha provavelmente outros elementos. A 9 de Setembro de 1944 a Direção Geral de Saúde "informa que foi autorizada a importação de 'Penicilina'"[129]. A 11 de Setembro a CVP solicitou, por carFta urgente, à Direção Geral das Alfandegas[130] autorização para levantar da Alfandega de Lisboa, Delegação de Cabo Ruivo, a encomenda de penicilina remetida pela Cruz Vermelha Americana. Na carta informa que já fora concedida autorização de importação pela Direção Geral de Saúde Pública no dia 9. A encomenda, composta por três "cartões" continha 700 ampolas de penicilina, tinha o peso bruto de 24 quilogramas e o valor de 2099 dólares. As condições de importação ainda não se encontravam completamente esclarecidas mas devido às condições especiais de conservação da penicilina a CVP solicitou autorização para levantar

---

[126] Arquivo da Cruz Vermelha Portuguesa. Carta do Delegado da Cruz Vermelha Americana em 02 de Setembro de 1944 - Número de ordem de entrada 3728. Em *Livro de correspondência recebida*. Lisboa.

[127] Arquivo da Cruz Vermelha Portuguesa. Carta enviada à Direção Geral de Saúde Pública em 09 de Setembro de 1944 - Número de ordem 4394. Em *Livro de correspondência expedida, Volume VII*. Lisboa.

[128] Ibid.

[129] Arquivo da Cruz Vermelha Portuguesa. Carta do Ministério do Interior - Direção Geral de Saúde Pública em 09 de Setembro de 1944 - Número de ordem de entrada 3788, *op.cit.*

[130] Arquivo da Cruz Vermelha Portuguesa. Carta enviada à Direcção Geral das Alfandegas em 11 de Setembro 1944, número de ordem 4406, *op.cit.*

a encomenda assumindo a "inteira responsabilidade de satisfação ao Estado dos respetivos direitos" caso não lhe fosse concedida isenção[131].

Em Janeiro de 1945 o contingente mensal do medicamento fornecido pelos EUA aumentou para 1000 ampolas de penicilina[132] e a partir de Março esse fornecimento passou a ser de 1500 ampolas de penicilina mensais[133], valor que se manteve até à chegada do último contingente em Julho de 1945[134].

Para garantir a celeridade no processo de receção de encomendas futuras, a 20 de Setembro de 1944, em carta dirigida à Direção Geral das Contribuições e Impostos[135], a CVP solicitou "que todos os fornecimentos de 'Penicilina' feitos pela Cruz Vermelha Americana à Cruz Vermelha Portuguesa e até que o produto seja comercializado fossem isentos do pagamento de imposto de selo devido por produtos farmacêuticos"[136]. Nesta carta a instituição humanitária portuguesa explica que a penicilina é de "manifesto interesse para a saúde pública, tornando mais eficaz a atuação da classe médica portuguesa"[137]. A mesma carta esclarece as condições em que foi efetuado o fornecimento do medicamento pelos EUA e a constituição de uma comissão controladora para a sua distribuição, a JCDPP. São descritos os objetivos da Junta Consultiva e apresentados os seus membros constituintes, também é elucidado o modo como será efetuada a distribuição de penicilina, sendo informada a entidade oficial que "50% dos fornecimentos se destinam à classe pobre gratuitamente e 50% àqueles cujas posses permitam satisfazer a importância do custo e mais as despesas, sem qualquer lucro"[138]. De forma a não tornar o preço da penicilina demasiadamente elevado a CVP solicitava a isenção do pagamento do imposto de selo imputado aos produtos farmacêuticos.

Para além da preocupação com o custo final da penicilina a CVP estava consciente da necessidade de um desalfandegamento rápido do medicamento e como tal, em 20 de Setembro de 1944, dirigiu-se à Direção Geral das Alfandegas[139].

---

[131] Ibid.

[132] Arquivo da Cruz Vermelha Portuguesa. Carta da Embaixada dos Estados Unidos da América de 22 de Janeiro de 1945 – Número de ordem 6718. Em *Livro de correspondência recebida*. Lisboa.

[133] Arquivo da Cruz Vermelha Portuguesa. Carta enviada à Cruz Vermelha Americana em 10 de Abril de 1945 - Número de ordem 1483. Em *Livro de correspondência expedida, Volume III*. Lisboa.

[134] Arquivo da Cruz Vermelha Portuguesa. Carta enviada à Comissão Reguladora dos Produtos Químicos e Farmacêuticos em 23 de Julho de 1945 - Número de ordem 4033. Em *Livro de correspondência expedida, Volume VII*. Lisboa.

[135] Arquivo da Cruz Vermelha Portuguesa. Carta enviada à Direção Geral das Contribuições e Impostos em 20 de Setembro 1944 - Número de ordem 4533. Em *Livro de correspondência expedida, Volume X*. Lisboa.

[136] Ibid.

[137] Ibid.

[138] Ibid.

[139] Arquivo da Cruz Vermelha Portuguesa. Carta enviada à Direção Geral das Alfandegas em 20 de Setembro de 1944 - Número de ordem 4532. Em *Livro de correspondência expedida, Volume X*. Lisboa.

Nesta carta a instituição humanitária explicava que a penicilina "é um produto que, pelas condições de conservação que exige, não permite qualquer demora no seu transporte ou verificação alfandegária retardada por formalidades burocráticas aduaneiras"[140] e solicitava "que todos os fornecimentos de 'Penicilina' feitos pela Cruz Vermelha Americana à Cruz Vermelha Portuguesa e até que o produto seja comercializado sejam isentos de todos os direitos aduaneiros"[141] e "que às delegações da Alfandega de Lisboa sejam dadas instruções para que todas as remessas do citado produto sejam entregues imediatamente após a sua chegada, sendo esta Instituição representada por um seu funcionário e pelo despachante oficial Octávio da Cunha Ferreira, independentemente das formalidades a cumprir"[142]. A 23 de Setembro de 1944 a Direção Geral das Alfândegas "informa que foi autorizado o levantamento da 'Penicilina' do Aeroporto de Cabo Ruivo"[143], a isenção dos direitos alfandegários só viria a ser concedida mais tarde através do Decreto-Lei nº 34 112, Diário do Governo 252, 1ª Série de 15 de Novembro de 1944 no qual o Ministério das Finanças - Direção Geral das Alfândegas "isenta de direitos de importação e demais imposições do despacho, com exceção do imposto do selo, a Penicilina importada pela Cruz Vermelha Portuguesa, enquanto a distribuição deste medicamento não estiver comercializada"[144]. No mesmo dia a instituição humanitária foi informada, pela Direção Geral das Alfândegas, da concessão dessa isenção[145] e a notícia foi veiculada no *Diário da Manhã*[146].

No acordo de fornecimento de penicilina celebrado com o governo americano ficou acordado que 10% de cada contingente mensal do medicamento seria alocado à Embaixada Americana em Lisboa[147]. A primeira entrega foi efetuada a 13 de Setembro de 1944[148]. Do primeiro contingente do medicamento entregue à Embaixada dos EUA foram cedidas, nesse dia, ao Dr. Ernesto Castro e Silva

---

[140] Ibid.

[141] Ibid.

[142] Ibid.

[143] Arquivo da Cruz Vermelha Portuguesa. Carta do Ministério das Finanças - Direção Geral das Alfândegas de 23 de Setembro de 1944 - Número de ordem de entrada 3980, *op.cit.*

[144] Decreto-Lei n.º 34 112 de 15 de Novembro da Direcção Geral das Alfandegas, Diário do Governo, 1ª Série, nº 252 de 15 de Novembro de 1944.

[145] Arquivo da Cruz Vermelha Portuguesa. Carta do Ministério das Finanças - Direção Geral das Alfândegas de 15 de Novembro de 1944 - Número de ordem de entrada 5155, *op.cit.*

[146] A penicilina isenta de direitos. (1944, Novembro 16). *Diário da Manhã*, p. 6. Lisboa.

[147] Arquivo da Cruz Vermelha Portuguesa. Carta da Embaixada dos Estados Unidos da América de 13 de Setembro de 1944. Em *Cruz Vermelha Portuguesa - Junta Consultiva de Distribuição de Penicilina em Portugal, Volume I, 1944 - 1945*. Lisboa.

[148] Arquivo da Cruz Vermelha Portuguesa. Requisição enviada ao Instituto de Oncologia em 13 de Setembro de 1944 - Número de ordem 4431. Em *Livro de correspondência expedida, Volume IX*. Lisboa.

duas ampolas de 100 000 unidades de penicilina[149]. As ampolas foram entregues ao clínico pela Mademoiselle Hubert e destinavam-se a serem aplicadas na doente Mademoiselle Claire Hendriche[150]. Ernesto Castro e Silva iniciou o tratamento com o medicamento a 16 de Setembro, utilizou "50 000 unidades diárias" de penicilina e supomos, pela utilização do termo "aplicá-las", que as administrou por via parentérica[151].

Em Julho de 1944 quando se iniciaram as negociações com o governo americano para o fornecimento regular de penicilina a CVP solicitou à Direção dos Serviços de Censura "a proibição de quaisquer notícias sobre 'Penicilina'"[152]. Quando o primeiro contingente do medicamento chegou a Portugal a 8 de Setembro de 1944 a instituição humanitária pressupunha que esta interdição se mantinha ficando surpreendida ao ser "tornado público a chegada ao nosso País da primeira remessa" [153] a 14 de Setembro pelo jornal diário *O Primeiro de Janeiro*. Este jornal publicou em primeira página a notícia "700 ampolas de penicilina vão ser enviadas todos os meses para Portugal"[154] onde informava sobre a chegada do antibiótico assim como a constituição de uma comissão controladora pela CVP para efetuar a sua distribuição no nosso país.

A cerimónia oficial de entrega das primeiras 700 ampolas de penicilina, vindas dos EUA, realizou-se na sede da CVP, no Jardim 9 de Abril em Lisboa, a 18 de Setembro de 1944, estiveram presentes na cerimónia o Sr. Henry Norweb, Embaixador dos EUA e o Almirante Guilherme Ivens Ferraz, Presidente da CVP[155]. A notícia sobre a cerimónia de entrega do primeiro contingente de penicilina foi divulgada nos principais periódicos nacionais. O *Diário de Lisboa* na sua edição de 19 de Setembro informava que "O embaixador dos Estados Unidos entregou à Cruz Vermelha Portuguesa uma remessa de setenta

---

[149] Arquivo da Cruz Vermelha Portuguesa. Carta da Embaixada dos Estados Unidos da América de 22 de Setembro de 1944. Em *Cruz Vermelha Portuguesa - Junta Consultiva de Distribuição de Penicilina em Portugal, Volume I, 1944 - 1945*. Lisboa.

[150] Arquivo da Cruz Vermelha Portuguesa. Carta do Dr. Ernesto Castro e Silva de 13 de Setembro de 1944. Em *Cruz Vermelha Portuguesa - Junta Consultiva de Distribuição de Penicilina em Portugal, Volume I, 1944 - 1945*. Lisboa.

[151] Arquivo da Cruz Vermelha Portuguesa. Carta do Dr. Ernesto Castro e Silva de 20 de Setembro de 1944. Em *Cruz Vermelha Portuguesa - Junta Consultiva de Distribuição de Penicilina em Portugal, Volume I, 1944 - 1945*. Lisboa.

[152] Arquivo da Cruz Vermelha Portuguesa. Carta enviada à Direcção dos Serviços de Censura em 26 de Julho 1944 - Número de ordem 3753, *op.cit.*

[153] Arquivo da Cruz Vermelha Portuguesa. Carta enviada à Direcção dos Serviços de Censura em 19 de Setembro 1944 - Número de ordem 4482. Em *Livro de correspondência expedida, Volume IX*. Lisboa.

[154] 700 ampolas de penicilina vão ser enviadas todos os meses para Portugal. (1944, Setembro 14). *O Primeiro de Janeiro*, p. 1. Lisboa.

[155] Arquivo da Cruz Vermelha Portuguesa. Carta enviada à Direcção dos Serviços de Censura em 19 de Setembro 1944 - Número de ordem 4482, *op.cit.*

milhões de unidades de penicilina"[156]; esta notícia divulgava que o governo americano iria enviar periodicamente para Portugal remessas de penicilina que iriam ser distribuídas pela CVP por intermédio de uma comissão controladora constituída para o efeito. A mesma notícia nomeia os seus membros, descreve os pontos mais importantes da cerimónia de entrega do medicamento e expõe resumidamente como será efetuada a distribuição da penicilina. Refere ainda que o Embaixador Americano "expressou as suas felicitações ao presidente e aos diretores da Cruz Vermelha Portuguesa e membros da Junta Consultiva de Distribuição de Penicilina em Portugal, pela chegada do primeiro carregamento regular de 70 milhões de unidades de penicilina e, ao mesmo tempo, cumprimentou a Cruz Vermelha Portuguesa e a Cruz Vermelha Americana pelo método eficaz estabelecido para a distribuição do medicamento"[157]. A referida notícia também menciona que segundo Henry Norweb "Portugal era um dos primeiros países não em guerra a receber quantidades substanciais de penicilina para uso civil"[158] e que na sua opinião "o corpo médico profissional português, por meio do uso da penicilina, contribuirá, indubitavelmente, para a história do prodigioso medicamento"[159]. Uma notícia de teor muito semelhante também foi veiculada em vários jornais nacionais. No *Diário da Manhã* a notícia surge em primeira página com o título "Penicilina para Portugal"[160], sendo as informações transmitidas idênticas às mencionadas para o *Diário de Lisboa*, o mesmo acontecendo com a notícia "Setenta milhões de unidades de penicilina foram entregues à Cruz Vermelha Portuguesa pelo embaixador dos Estados-Unidos"[161] do *Diário Popular*. No jornal *República* a notícia "Uma visita do embaixador dos Estados Unidos à sede da Cruz Vermelha"[162] divulgava as informações de uma forma mais resumida focando, no entanto, os pontos mais importantes. No *Comércio do Porto* a notícia "A primeira cedência mensal regular de penicilina"[163] o assunto voltou a ser abordado de uma forma detalhada assim como

---

[156] O embaixador dos Estados Unidos entregou à Cruz Vermelha Portuguesa uma remessa de setenta milhões de unidades de penicilina. (1944, Setembro 19). *Diário de Lisboa*, p. 4. Lisboa.

[157] Ibid.

[158] Ibid.

[159] Ibid.

[160] Penicilina para Portugal. (1944, Setembro 20). *Diário da Manhã*, p. 1;6. Lisboa.

[161] Setenta milhões de unidades de penicilina foram entregues à Cruz Vermelha Portuguesa pelo embaixador dos Estados-Unidos. (1944, Setembro 19). *Diário Popular*, p. 1;8. Lisboa.

[162] Uma visita do embaixador dos Estados Unidos à sede da Cruz Vermelha. (1944, Setembro 19). *República*, p. 5. Lisboa.

[163] A primeira cedência mensal regular de penicilina. (1944, Setembro 20). *Comércio do Porto*, p. 1;4. Porto.

no *Diário de Notícias*[164] e em *O Primeiro de Janeiro*[165] onde a notícia ocupava a quase totalidade da primeira página sendo inclusivamente apresentadas fotografias da cerimónia oficial de entrega da primeira remessa de penicilina. No jornal *O Século* a notícia "70 milhões de unidades de penicilina chegaram a Portugal oferecidas pelos Estados Unidos e quantidade igual virá todos os meses"[166] também surge em grande destaque o mesmo acontecendo com a notícia "Penicilina em Portugal. Os Estados Unidos fornecerão mensalmente ao nosso país 70 milhões de unidades de penicilina" veiculada no *Jornal do Comércio*[167]. No *Novidades*[168] à semelhança do *República* as informações não tiveram um lugar tão relevante embora os factos mais importantes estejam relatados.

---

[164] Chegaram a Lisboa setecentas ampolas de penicilina para uso civil. (1944, Setembro 20). *Diário de Notícias*, p. 1. Lisboa.

[165] O Sr. Embaixador dos Estados-Unidos felicitou a Cruz Vermelha Portuguesa. (1944, Setembro 20). *O Primeiro de Janeiro*, p. 1. Porto.

[166] 70 milhões de unidades de penicilina chegaram a Portugal oferecidas pelos Estados Unidos e quantidade igual virá todos os meses. (1944, Setembro 20). *O Século*, p. 1;3. Porto.

[167] Penicilina em Portugal. Os Estados Unidos fornecerão mensalmente ao nosso país 70 milhões de unidades de penicilina. (1944, Setembro 20). *Jornal do Comércio*, p. 1;2. Lisboa.

[168] O tratamento pela penicilina em Portugal. (1944, Setembro 20). *Novidades*, p. 4. Lisboa.

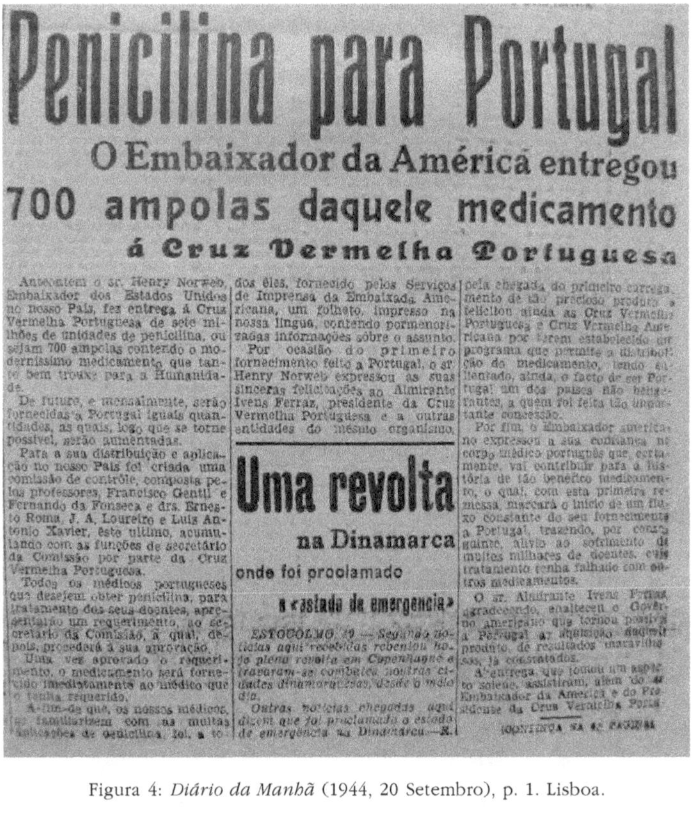

# Penicilina para Portugal

## O Embaixador da América entregou
## 700 ampolas daquele medicamento
### á Cruz Vermelha Portuguesa

## Uma revolta

### na Dinamarca

onde foi proclamado

« estado de emergencia »

Figura 4: *Diário da Manhã* (1944, 20 Setembro), p. 1. Lisboa.

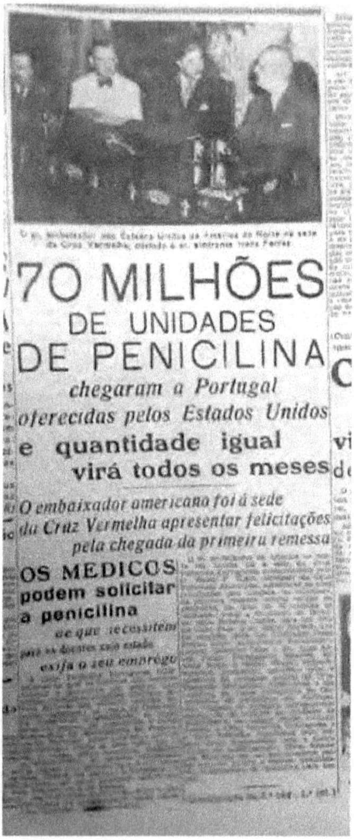

Figura 5: *O Século* (1944, 20 Setembro), p. 1. Porto.

Após a cerimónia de entrega da penicilina foi emitida, a 19 de Setembro, pelos Serviços de Imprensa da CVP, a nota informativa "Distribuição de 'Penicilina' em Portugal"[169]; esta nota era dirigida aos "médicos que desejem fazer uso de Penicilina" e esclarecia sobre os procedimentos necessários para requerer o medicamento. Na mesma data a Direção dos Serviços de Censura[170] suspendeu a publicação de uma nota de imprensa distribuída pela Embaixada dos EUA sobre a cerimónia de entrega da penicilina. No seguimento desta interdição a Cruz Vermelha dirigiu-se àquela instituição oficial solicitando o levantamento da proibição da publicação de notícias sobre a penicilina. De acordo com o conteúdo da carta, a Cruz Vermelha presumia que a referida proibição já havia sido levantada na sequência da notícia sobre a chegada de penicilina ao nosso país publicada a 14 de Setembro no jornal diário *O Primeiro de Janeiro*.

Após a receção do primeiro contingente de penicilina a JCDPP reuniu, em Sessão Ordinária, a 26 de Setembro de 1944[171]. A reunião teve início às quinze horas e trinta minutos e decorreu no gabinete do subinspetor do material hospitalar cirúrgico e de pensos da CVP, no Jardim 9 de Abril em Lisboa. A sessão foi presidida por Francisco Gentil e contou com a presença de Fernando da Fonseca e Luís António Xavier Júnior. Da ata consta que "foram apreciados os modelos de registo adotados para a saída e entrada de questionários- -requerimentos, bem como do ofício dos que são pedidos da província"[172]. Foi deliberado que "por conveniência e rapidez dos serviços de entrega e expedição da penicilina foi encarregado o Secretário da Junta, senhor Doutor Luís António Xavier Júnior de apreciar e despachar os questionários-requerimentos, e em casos duvidosos pedir, sobre eles, a opinião de qualquer dos outros membros da Junta. Pelo Professor Senhor Doutor Francisco Gentil foi dito nessa altura ao mencionado secretário que podia contar sempre com a solidariedade da Junta (…) também ficou resolvido que qualquer dos outros membros podia igualmente despachar os questionários, dando, no entanto, nota ao secretário para efeitos de estatística e regularização dos serviços de expediente da Cruz Vermelha"[173]. A sessão foi encerrada às dezasseis horas e trinta minutos.

Nas comunicações apresentadas à Comissão Central da Cruz Vermelha Portuguesa na sessão de 18 de Outubro de 1944 os membros foram informados

---

[169] Arquivo da Cruz Vermelha Portuguesa. Nota de imprensa de 19 de Setembro de 1944 - Distribuição de 'Penicilina' em Portugal. Em *Notas de Imprensa do Serviço de Imprensa da Cruz Vermelha Portuguesa*. Lisboa.

[170] Arquivo da Cruz Vermelha Portuguesa. Carta enviada à Direcção dos Serviços de Censura em 19 de Setembro 1944 - Número de ordem 4482, *op.cit.*

[171] Arquivo da Cruz Vermelha Portuguesa. Ata da Sessão Ordinária da Junta Consultiva da Cruz Vermelha Portuguesa para a Distribuição da Penicilina em Portugal de 26 de Julho de 1944. Em *Livro de atas da Junta Consultiva da Cruz Vermelha Portuguesa para a Distribuição de Penicilina em Portugal*. Lisboa.

[172] Ibid.

[173] Ibid.

das diligências efetuadas para a aquisição de um contingente regular de penicilina para Portugal, da constituição da JCDPP, que já haviam sido recebidos os contingentes referentes aos meses de Julho e Agosto tendo sido já distribuídas 289 ampolas de penicilina. A Comissão Central também foi informada sobre o valor atribuído a cada ampola de penicilina de 100 000 unidades; o preço de 200$00 foi calculado de forma a cobrir os custos de importação do antibiótico e permitir que 50% de cada contingente mensal fosse cedido gratuitamente às "classes pobres"[174]. Tendo em consideração que o salário médio mensal de um empregado de escritório na época era de 200$00 a 350$00[175], reconhecemos que o valor atribuído a cada ampola do antibiótico era bastante elevado.

O *Jornal do Médico* na sua edição de 1 de Outubro publicou um artigo onde informava os seus leitores sobre a chegada da "primeira remessa do famoso medicamento"[176]; também os esclarecia sobre a constituição da JCDPP, mencionando os membros constituintes e explicava como os clínicos portugueses que pretendiam requisitar penicilina deviam proceder. Esta nota informativa mostrava a necessidade dos médicos apresentarem à Junta Consultiva um requerimento próprio para a obtenção de penicilina, indicando que "os impressos são distribuídos todos os dias úteis das 11 às 17 horas e entregues mediante apresentação da carteira profissional da Ordem dos Médicos para os que exerçam clínica na capital e por requisição em papel timbrado para os de fora de Lisboa"[177]. A mesma revista médica portuguesa também publicou um extrato da nota de imprensa da Embaixada dos EUA distribuída aos clínicos portugueses com instruções sobre a penicilina. Esta nota elaborada pelo "Dr. Chester S. Keefer, Presidente da Comissão de Quimioterapia do Conselho Nacional dos Estados Unidos e Consultor do Serviço de Investigação e Progresso Científico"[178] esclarecia sobre os diversos grupos de doenças suscetíveis à penicilina. As doenças encontram-se organizadas em função da sua eficácia terapêutica, permitindo que os pedidos dos clínicos fossem efetuados de modo a racionalizar a utilização do medicamento evitando o seu emprego em casos onde a eficácia fosse duvidosa. São referidas as doenças onde o tratamento com penicilina constituía indicação absoluta, as patologias onde o medicamento era de indicação relativa e os casos em que a utilização de penicilina era de valor discutível. Neste relatório são descritas as contraindicações do fármaco, os "métodos de preparação da penicilina para

---

[174] Arquivo da Cruz Vermelha Portuguesa. Comunicações à Comissão Central da Cruz Vermelha Portuguesa apresentadas na sessão de 18 de Outubro de 1944. Em *Livro de atas da Comissão Central da Cruz Vermelha Portuguesa*. Lisboa.

[175] Instituto Nacional de Estatística. *Taxas de remuneração de trabalho oficialmente estabelecidas: 1934-1944*. Lisboa: Sociedade Tipográfica, Lda., 182.

[176] Penicilina em Portugal. (1944a). *Jornal do Médico*, 4(93), 709.

[177] Ibid.

[178] Ibid.

a aplicação terapêutica"[179], os "métodos de administração da penicilina"[180] e a "dosagem"[181] a ser utilizada. Na nota são veiculadas as informações necessárias para os clínicos prescreverem e utilizarem a penicilina de forma racional evitando desperdícios. No seguimento desta notícia o *Jornal do Médico* publicou em Dezembro de 1944 o artigo "Penicilina – Novas possibilidades de aplicação"[182]. Este artigo, em forma de nota informativa, foi elaborado por João Maia de Loureiro vogal da JCDPP. De acordo com o mesmo a nota resultou de uma reunião que decorreu a 14 de Dezembro de 1944 entre aquele organismo, o representante da CVA, Jack Windson Ives, e o presidente da CVP o Almirante Ivens Ferraz. Através do Livro de Correspondência Recebida da CVP sabemos que a 11 de Dezembro de 1944 o Delegado da CVA enviou uma carta à sua congénere portuguesa cujo conteúdo refere "assunto de penicilina – aconselha que devemos tornar extensivo o seu uso em casos de sífilis, visto não ter tido a procura precisa, evitando assim estar tanto tempo no gelo"[183]. Segundo o artigo publicado no *Jornal do Médico* as quantidades de penicilina disponibilizadas pela CVA já eram em quantidade suficiente para estender a utilização do medicamento às patologias consideradas de indicação relativa, assim como permitir a administração da penicilina em todos os casos de indicação absoluta, independentemente da resistência demonstrada às sulfamidas. A necessidade da "tentativa prévia de sulfamidoterapia"[184] é apresentada como uma das justificações para o "retraimento dos médicos portugueses em requisitar penicilina"[185], motivo que desaparece "visto que a penicilina existe em quantidade suficiente para poder ser aplicada 'd'emblée'"[186]. Outro possível "motivo da restrição dos médicos em requisitar o medicamento"[187] provém, de acordo com o artigo, da dificuldade de manuseamento das embalagens de vidro, pouco práticas, em que a penicilina se encontrava e a obrigatoriedade em manter rigorosas condições de assepsia desde a reconstituição do medicamento até à sua administração. Com o surgimento de embalagens com tampa de borracha este inconveniente cessa de existir. Com o aumento da produção de penicilina foi possível investigar a eficácia do medicamento no tratamento de outras patologias, ajustar as doses de modo a obter maior efetividade e ensaiar novas vias para a administração do fármaco. A nota informativa publicada no *Jornal do Médico* veio

---

[179] Ibid.

[180] Ibid.

[181] Ibid.

[182] Loureiro. Penicilina - Novas possibilidades de aplicação, *op.cit.*

[183] Arquivo da Cruz Vermelha Portuguesa. Carta do Delegado da Cruz Vermelha Americana em Lisboa em 11 de Dezembro de 1944 - Número de ordem de entrada 5871. Em *Livro de correspondência recebida*. Lisboa.

[184] Loureiro. Penicilina - Novas possibilidades de aplicação, *op.cit.*

[185] Ibid.

[186] Ibid.

[187] Ibid.

esclarecer os clínicos nacionais sobre as "novas possibilidades de aplicação"[188] da penicilina, nomeadamente o seu emprego no tratamento das doenças venéreas como a blenorreia e a sífilis. O preço de cada ampola de 100 000 unidades de penicilina também foi divulgado, a nota refere que o valor de 230$00 para cada ampola foi calculado de forma a cobrir o custo do medicamento e permitir que metade de cada contingente fosse cedido gratuitamente aos doentes sem possibilidades económicas para adquirir o fármaco. De acordo com documentos consultados e analisados existentes no Arquivo da Cruz Vermelha Portuguesa[189], pensamos que o preço de cada ampola de penicilina divulgado na nota informativa do *Jornal do Médico* terá sido o valor pelo qual as ampolas foram vendidas. Esta nota informativa também foi divulgada, com o mesmo título, na revista *Clínica, Higiene e Hidrologia*[190] e no *Boletim do Instituto Português de Oncologia*[191]. Na revista *Imprensa Médica* foi publicada na rubrica *Medicina Social* com o título "Penicilina"[192]. Nas colónias ultramarinas a notícia foi veiculada na íntegra na revista *África Médica*[193] e resumidamente no *Boletim Geral de Medicina*[194].

A partir do momento em que foi divulgada a notícia sobre a chegada da penicilina a Portugal inúmeros clínicos e familiares de doentes dirigiram-se à CVP solicitando o envio do medicamento[195]. A instituição humanitária respondeu aos pedidos que lhe eram efetuados[196]. Quando o pedido era efetuado por um médico em anexo à resposta era remetido um questionário-requerimento e "um exemplar da edição especial sobre a Penicilina de 'Notícias Médicas da América do Norte'"[197]. Eram feitas recomendações para o questionário

---

[188] Ibid.

[189] Anteriormente fizemos referência que nas "Comunicações à Comissão Central da Cruz Vermelha Portuguesa apresentadas na sessão de 18 de Outubro de 1944" foi apresentado o preço de 200$00 para cada ampola de penicilina, no entanto encontrámos recibos passados pela instituição humanitária referentes à venda de penicilina que comprovam que na realidade cada ampola do antibiótico foi vendido por 230$00 e não 200$00.

[190] Loureiro, J. M. de. (1945b). Penicilina - Novas possibilidades de aplicação. *Clínica, Higiene e Hidrologia*, *XI*(1), 50–51.

[191] Loureiro, J. M. de. (1945c). Penicilina - Novas possibilidades de aplicação. *Boletim do Instituto Português de Oncologia*, *12*(1), 3–4.

[192] Loureiro, J. M. de. (1945a). Penicilina. *Imprensa Médica*, *11*(1), 14.

[193] Loureiro, J. M. de. (1944b). Penicilina - Novas possibilidades de aplicação. *África Médica*, *X*(12), 237–238.

[194] Distribuição da penicilina em Portugal com instruções sobre as suas indicações. (1944). *Boletim Geral de Medicina*, *26*(1-12), 48.

[195] Arquivo da Cruz Vermelha Portuguesa. Cartas enviadas por clínicos solicitando penicilina em Setembro de 1944. Em *Livro de correspondência recebida*. Lisboa.

[196] Arquivo da Cruz Vermelha Portuguesa. Cartas para os clínicos que requisitaram penicilina em Setembro de 1944. Em *Livro de correspondência expedida, Volume IX*. Lisboa.

[197] Arquivo da Cruz Vermelha Portuguesa. Carta enviada ao Dr. Bertolino Ribeiro Coelho Carvalhal Benfeito em 22 de Setembro de 1944 - Número de ordem 4553. Em *Livro de*

"ser devidamente preenchido e assinado"[198] de modo a serem cumpridas as "normas previstas e cujo rigoroso cumprimento é de observar"[199]. Depois de preenchido o questionário deveria ser devolvido à CVP acompanhado de todos os elementos clínicos requisitados, o "gráfico da curva de temperaturas"[200], um "estudo bacteriológico visando o isolamento do agente infecioso"[201] e "análises clínicas"[202]. Quando o doente não tivesse possibilidades económicas poderia ser anexado ao processo um atestado de pobreza de modo a que obtivesse a penicilina de forma gratuita[203]. Por vezes a solicitação de envio de penicilina provinha de familiares de doentes, nestas situações a instituição humanitária informava-os sobre os procedimentos corretos para obterem o medicamento e da obrigatoriedade da requisição ser efetuada pelo "médico assistente"[204]. Temos conhecimento que a Farmácia Central de Ovar também solicitou informações sobre o modo de adquirir penicilina[205]. No entanto, a resposta que obteve da CVP foi que não era possível "fornecer informações a farmácias acerca de 'Penicilina'"[206]. Em Janeiro de 1945 outra farmacêutica, de Gouveia, dirigiu-se à instituição humanitária solicitando o envio de penicilina para o tratamento de uma doente, no entanto, à semelhança da situação anterior o seu pedido foi recusado, tendo sido informada que os pedidos do medicamento deveriam ser efetuados através do delegado de saúde[207].

Instituições e entidades oficiais também solicitaram penicilina à CVP. Imediatamente após a divulgação da notícia sobre a chegada de penicilina

---

*correspondência expedida, Volume X.* Lisboa.

[198] Arquivo da Cruz Vermelha Portuguesa. Carta enviada ao Delegado de Saúde de Monção em 20 de Setembro de 1944 - Número de ordem 4514. Em *Livro de correspondência expedida, Volume X.* Lisboa.

[199] Ibid.

[200] Arquivo da Cruz Vermelha Portuguesa. Questionários/Requerimento de penicilina. Em *Cruz Vermelha Portuguesa - Junta Consultiva de Distribuição de Penicilina em Portugal, Volume I, 1944 - 1945.* Lisboa.

[201] Ibid.

[202] Ibid.

[203] Arquivo da Cruz Vermelha Portuguesa. Atestado de pobreza emitido pela Junta de Freguesia da Sé Nova de Coimbra em 10 de Novembro de 1944. Em *Cruz Vermelha Portuguesa - Junta Consultiva de Distribuição de Penicilina em Portugal, Volume I, 1944 - 1945.* Lisboa.

[204] Arquivo da Cruz Vermelha Portuguesa. Carta enviada para Armando Carvalho Castanheira da Direção de Finanças do Distrito de Coimbra em 21 de Setembro de 1944 - Número de ordem 4518. Em *Livro de correspondência expedida, Volume X.* Lisboa.

[205] Arquivo da Cruz Vermelha Portuguesa. Carta da Dr.ª Alice R. G. Amaral da Farmácia Central de Ovar em 20 de Outubro de 1944 - Número de ordem de entrada 2510. Em *Livro de correspondência recebida.* Lisboa.

[206] Arquivo da Cruz Vermelha Portuguesa. Carta enviada à Dr.ª Alice R. G. Amaral da Farmácia Central de Ovar em 28 de Outubro de 1944 - Número de ordem 5296. Em *Livro de correspondência recebida.* Lisboa.

[207] Arquivo da Cruz Vermelha Portuguesa. Carta de Farmacêutica de Gouveia em 18 de Janeiro de 1945 - Número de ordem de entrada 6628. Em *Livro de correspondência recebida.* Lisboa.

a Portugal o Consulado Geral de Espanha, em carta dirigida à CVP, "pede c/urgência 1 000 000 de unidades de 'Penicilina' para serem empregadas no Dr. Don Carlos Jimenez Diaz"[208]. No mesmo dia, 20 de Setembro, a instituição humanitária enviou uma requisição ao Instituto de Oncologia solicitando o fornecimento da penicilina requisitada[209] e informou o Consulado Geral de Espanha que remete "10 (dez) ampolas de 'Penicilina' para seguirem por via aérea para Madrid para aplicação ao Doutor Don Carlos Jimenez Diaz" e que é "indispensável um documento de receção, autenticado oficialmente"[210]. As ampolas de penicilina foram liquidadas em 31 de Outubro de 1944[211]. Em 2007 os investigadores espanhóis J. González e A. Orero publicaram na *Revista Española de Quimioterapia* o artigo "La penicilina llega a España: 10 de marzo de 1944, una fecha histórica"[212]. Neste trabalho os autores referem que o Professor Doutor C. Jiménez Díaz contraiu, em Agosto de 1944, uma pneumonia pneumocócica. Após uma tentativa falhada de sulfamidoterapia o eminente clínico espanhol terá supostamente sido salvo pela ação da penicilina. De acordo os autores, que não referem fontes, o antibiótico terá sido adquirido no mercado negro.

Em Dezembro de 1944 a Embaixada Espanhola em Lisboa recorreu nova-mente à CVP para a obtenção de penicilina para o tratamento de dois doentes em estado grave que se encontravam em Madrid[213]. A Cruz Vermelha Italiana também solicitou penicilina à sua congénere portuguesa; as seis ampolas requisitadas destinavam-se ao tratamento de um funcionário da Embaixada de Itália em Madrid[214]. Estes pedidos de penicilina encontravam-se fora do âmbito do acordo de distribuição do medicamento estabelecido com o governo

[208] Arquivo da Cruz Vermelha Portuguesa. Carta do Consulado Geral de Espanha de 20 de Setembro de 1944 - Número de ordem de entrada 3914. Em *Livro de correspondência recebida*. Lisboa.

[209] Arquivo da Cruz Vermelha Portuguesa. Requisição enviada ao Instituto de Oncologia em 20 de Setembro de 1944 - Número de ordem 4499. Em *Livro de correspondência expedida, Volume IX*. Lisboa.

[210] Arquivo da Cruz Vermelha Portuguesa. Carta enviada ao Consulado Geral de Espanha em 20 de Setembro de 1944 - Número de ordem 4500. Em *Livro de correspondência expedida, Volume IX*. Lisboa.

[211] Arquivo da Cruz Vermelha Portuguesa. Carta do Consulado Geral de Espanha em 31 de Outubro de 1944 - Número de ordem de entrada 4752. Em *Livro de correspondência recebida*. Lisboa.

[212] González, J. & Orero, A. (2007). La penicilina llega a España: 10 de marzo de 1944, una fecha histórica. *Revista Espanhola Quimioterapia* 20(4), 446-450.

[213] Arquivo da Cruz Vermelha Portuguesa. Carta da Embaixada de Espanha em Lisboa de 16 de Dezembro de 1944 - Número de ordem de entrada 5000. Em *Livro de correspondência recebida*. Lisboa.; Arquivo da Cruz Vermelha Portuguesa. Carta da Embaixada de Espanha em Lisboa de 23 de Dezembro de 1944. Em *Cruz Vermelha Portuguesa - Junta Consultiva de Distribuição de Penicilina em Portugal, Volume I, 1944 - 1945*. Lisboa.; Arquivo da Cruz Vermelha Portuguesa. Carta da Embaixada de Espanha em Lisboa de 26 de Dezembro de 1944. Em *Cruz Vermelha Portuguesa - Junta Consultiva de Distribuição de Penicilina em Portugal, Volume I, 1944 - 1945*. Lisboa.

[214] Arquivo da Cruz Vermelha Portuguesa. Carta da Croce Rossa Italiana Lisbona em 29 de Dezembro de 1944. Em *Cruz Vermelha Portuguesa - Junta Consultiva de Distribuição de Penicilina em Portugal, Volume I, 1944 - 1945*. Lisboa.

americano, por este motivo foi necessária autorização da Embaixada dos EUA para a ceder o fármaco[215]. Em Janeiro de 1945 a Delegação da Cruz Vermelha Francesa em Lisboa também se dirigiu à CVP solicitando penicilina para o tratamento de um doente em estado grave[216]; não encontramos confirmação da autorização de fornecimento do medicamento pela Embaixada Americana. A Embaixada Britânica em Lisboa também requereu penicilina à CVP para utilização na sua embaixada em Madrid[217]. O medicamento foi pago à instituição humanitária. No entanto, foi pedido o reembolso da importância liquidada após a entrega, na Cruz Vermelha, de um milhão de unidades de penicilina vindas de Inglaterra.

A penicilina cedida pelos EUA destinava-se a uso civil[218], no entanto o Ministério da Guerra solicitou à CVP o fornecimento do medicamento para utilização no exército português. Através do Livro de Correspondência Recebida da CVP sabemos que em 11 de Outubro de 1944 a instituição foi contactada pelo Ministério da Guerra[219]; o assunto da carta refere "Penicilina – Reservado". A resposta da instituição humanitária portuguesa surgiu em 12 de Outubro e foi dirigida ao Administrador Geral do Exército[220]. O teor da carta classificado de "urgentíssimo" e "reservado" faz referência ao pedido de fornecimento de 50 ampolas de penicilina para exército português a servir nas colónias. A CVP elucidou o Administrador Geral do Exército sobre o acordo celebrado entre a instituição e o governo americano, segundo o qual a penicilina fornecida se destinava "exclusivamente a uso civil em Portugal"[221]. Refere, no entanto, que "a Cruz Vermelha Portuguesa concorda em absoluto em fornecer esse produto para os fins expressos no ofício de V.Exª, desde que o Delegado em Lisboa da CVA, consultada a respetiva Embaixada, acorde connosco na respetiva exceção

---

[215] Arquivo da Cruz Vermelha Portuguesa. Carta da Embaixada dos Estados Unidos da América em 29 de Dezembro de 1944 - Número de ordem de entrada 6239. Em *Livro de correspondência recebida*. Lisboa.

[216] Arquivo da Cruz Vermelha Portuguesa. Carta da Croix-Rouge Française - Le délégué à Lisbonne de 1 de Janeiro de 1945. Em *Cruz Vermelha Portuguesa - Junta Consultiva de Distribuição de Penicilina em Portugal, Volume I, 1944 - 1945*. Lisboa.

[217] Arquivo da Cruz Vermelha Portuguesa. Carta da Embaixada Britânica em Lisboa de 31 de Janeiro de 1945. Em *Cruz Vermelha Portuguesa - Junta Consultiva de Distribuição de Penicilina em Portugal, Volume I, 1944 - 1945*. Lisboa.

[218] Arquivo da Cruz Vermelha Portuguesa. Ata da Sessão Ordinária da Comissão Central da Cruz Vermelha Portuguesa em 24 de Julho de 1944. Em *Livro de atas da Comissão Central da Cruz Vermelha Portuguesa*. Lisboa.

[219] Arquivo da Cruz Vermelha Portuguesa. Carta do Ministério da Guerra em 11 de Outubro de 1944 - Número de ordem de entrada 4320. Em *Livro de correspondência recebida*. Lisboa.

[220] Arquivo da Cruz Vermelha Portuguesa. Carta enviada ao Ministério da Guerra em 12 de Outubro de 1944 - Número de ordem 4904. Em *Livro de correspondência expedida, Volume X*. Lisboa.

[221] Ibid.

a fazer no acordo inicial"[222]. A instituição humanitária questionava se existia qualquer "inconveniente em fazermos as necessárias consultas com o mesmo carater confidencial"[223]. No mesmo dia a CVP recebeu nova carta do Ministério da Guerra[224]. Não somos conhecedores do conteúdo desta carta pois não se encontrava entre os documentos que consultámos porém, no Livro de Correspondência Recebida onde está registada a sua entrada na CVP é mencionado o assunto da mesma - "Penicilina – Confidencial". Deduzimos que nesta carta tenha sido dada autorização à instituição humanitária para consultar as entidades americanas, esta suposição advém do teor da carta enviada pela instituição portuguesa, em 13 de Outubro, para CVA[225]. Nesta carta a CVP informava a sua congénere sobre o pedido efetuado pelo Ministério da Guerra para o fornecimento de 50 ampolas de penicilina destinadas às tropas portuguesas a efetuar serviço colonial e solicitava à instituição americana que "se digne a consultar as entidades competentes"[226] a autorizar a cedência do medicamento. A Embaixada dos EUA em 24 de Outubro "informa que está autorizada a entrega de 50 ampolas de "Penicilina" ao Ministério da Guerra"[227] e a 30 de Outubro o Ministério da Guerra enviou para a CVP o "auto de entrega confidencial – assunto  da Penicilina"[228].

Em Janeiro de 1945 o Ministério da Guerra recorreu novamente à CVP solicitando o fornecimento de penicilina para os seus contingentes expedicionários dos Açores, Madeira e Cabo Verde[229]. A correspondência do Ministério da Guerra, classificada como "urgente" e "confidencial", era proveniente 2ª Direção Geral, 1ª Repartição, 1ª Secção[230]. Em carta datada de 3 de Janeiro de 1945, o administrador geral do exército referia que "não há inconveniente em que seja declarado às entidades americanas"[231] o pedido de penicilina efetuado. Assim

[222] Ibid.

[223] Ibid.

[224] Arquivo da Cruz Vermelha Portuguesa. Carta do Ministério da Guerra em 12 de Outubro de 1944 - Número de ordem de entrada 4323. Em *Livro de correspondência recebida*. Lisboa.

[225] Arquivo da Cruz Vermelha Portuguesa. Carta enviada à Cruz Vermelha Americana em Lisboa em 13 de Outubro de 1944 - Número de ordem 4923. Em *Livro de correspondência expedida, Volume X*. Lisboa.

[226] Ibid.

[227] Arquivo da Cruz Vermelha Portuguesa. Carta da Embaixada dos Estados Unidos da América em 24 de Outubro de 1944 - Número de ordem de entrada 4598. Em *Livro de correspondência recebida*. Lisboa.

[228] Arquivo da Cruz Vermelha Portuguesa. Carta do Ministério da Guerra em 30 de Outubro de 1944 - Número de ordem de entrada 4686. Em *Livro de correspondência recebida*. Lisboa.

[229] Arquivo da Cruz Vermelha Portuguesa. Carta do Ministério da Guerra em 16 de Janeiro de 1945 - Número de ordem de entrada 6585. Em *Livro de correspondência recebida*. Lisboa.

[230] Arquivo da Cruz Vermelha Portuguesa. Carta do Ministério da Guerra, 2ª Direção Geral, 1ª Repartição, 1ª Secção em 3 de Janeiro de 1945. Em *Cruz Vermelha Portuguesa - Junta Consultiva de Distribuição de Penicilina em Portugal - Volume II, 1944 - 1949*. Lisboa.

[231] Ibid.

a CVP solicitou, mais uma vez, autorização à Embaixada dos EUA para fornecer o medicamento ao Ministério da Guerra[232]. A embaixada concedeu autorização para fornecimento do medicamento a 5 de Fevereiro de 1945[233].

O Hospital Militar Principal também requisitou penicilina à CVP para o tratamento de um doente[234], no entanto, neste caso, o pedido de fornecimento do medicamento decorreu de acordo com o procedimento instituído, não sendo consultadas as entidades americanas.

A penicilina foi rapidamente integrada no Serviço de Saúde Militar. No Curso Técnico para a promoção a Major do Serviço de Saúde[235] do ano letivo de 1947, realizado na Escola do Serviço de Saúde Militar a penicilina foi apresentada como um dos meios mais eficazes de combater as infeções decorrentes das feridas de guerra. O Formulário dos medicamentos para uso dos Hospitais Militares[236] editado em 1947 apresentava quatro formulações com penicilina. A reedição desta obra surgiu da necessidade de atualizar o anterior formulário, editado em 1938 e cujo conteúdo já se encontrava desatualizado face aos progressos da terapêutica. São apresentadas para a penicilina uma formulação em comprimidos, duas em pó e uma em pomada. Para todas elas são descritas as condições de conservação e o recipiente mais apropriado para o seu acondicionamento.

Com a divulgação da notícia da chegada de penicilina a Portugal e que esta iria ser distribuída pela CVP médicos de todo o país dirigiram-se à instituição solicitando o envio do medicamento ou o envio de questionários-requerimento para o poderem requisitar[237]. Os questionários-requerimento podiam ser levantados nos Serviços Centrais da CVP ou nas suas delegações. Com o objetivo de uniformizar os procedimentos as delegações da CVP receberam um ofício com as normas para a "distribuição de questionários-requerimento aos Médicos que desejem empregar o produto"[238]. Segundo esta norma a delegação era responsável por elaborar uma listagem, em duplicado, onde deveria registar os números

[232] Arquivo da Cruz Vermelha Portuguesa. Carta enviada ao Adido Comercial da Embaixada dos Estados Unidos da América em Lisboa em 2 de Fevereiro de 1945. Em *Cruz Vermelha Portuguesa - Junta Consultiva de Distribuição de Penicilina em Portugal, Volume I, 1944 - 1945*. Lisboa.

[233] Arquivo da Cruz Vermelha Portuguesa. Carta da Embaixada dos Estados Unidos da América em Lisboa de 5 de Fevereiro de 1945. Em *Cruz Vermelha Portuguesa - Junta Consultiva de Distribuição de Penicilina em Portugal, Volume I, 1944 - 1945*. Lisboa.

[234] Arquivo da Cruz Vermelha Portuguesa. Carta enviada ao Hospital Militar Principal de Lisboa em 23 de Setembro de 1944 - Número de ordem 4570. Em *Livro de correspondência expedida, Volume X*. Lisboa.

[235] Botte, J. M. S. (1947). *Curso Técnico para promoção a major do S. S.*

[236] Serviço de Saúde Militar. (1947). *Formulário dos medicamentos para uso dos Hospitais Militares* (2ª Edição). Ministério da Guerra.

[237] Arquivo da Cruz Vermelha Portuguesa. Cartas enviadas por clínicos solicitando penicilina em Setembro de 1944, *op.cit.*

[238] Arquivo da Cruz Vermelha Portuguesa. Carta enviada à Delegação da Cruz Vermelha Portuguesa de Estremoz em 20 de Setembro 1944 - Número de ordem 4524, *op.cit.*

dos questionários-requerimento distribuídos e "o nome e morada dos Médicos que os peçam, bem como a data de entrega"[239]. O duplicado da listagem seria enviado mensalmente para os Serviços Centrais. Os questionários preenchidos pelos clínicos e devolvidos à delegação deveriam, no final de cada dia, ser "imediatamente enviados"[240] para os "serviços centrais, sob registo com a nota de urgente"[241]. Para o médico ter acesso ao questionário-requerimento deveria apresentar a sua carteira profissional da Ordem dos Médicos ou requisitá-lo em papel timbrado. Podemos constatar que a JCDPP exerceu um notável controlo e rigor em todas as fases associadas à distribuição de penicilina no nosso país, mesmo a entrega do documento necessário para requerer o medicamento foi sujeito a normas severas.

Quando os documentos necessários para requisitar penicilina davam entrada na Delegação da CVP era entregue ao médico requerente um talão carimbado com o correspondente número de entrada do questionário na delegação[242] e era elaborado um processo individual[243]. Cada processo individual era levado à apreciação da JCDPP. Quando deferido, a Junta, enviava uma requisição para o Instituto de Oncologia[244] solicitando o fornecimento da quantidade de penicilina requisitada; neste documento também era referido o nome e a morada do médico assistente responsável pelo tratamento, o nome do doente e o seu local de residência e o número do processo individual. Para o clínico era remetido um telegrama a informá-lo do deferimento do seu pedido e a indicação de quando e como seria efetuado o transporte da penicilina. A Junta também solicitava ao clínico que confirmasse a receção do medicamento[245] que este habitualmente efetuava por telegrama[246].

A JCDPP voltou a reunir em Sessão Ordinária a 12 de Janeiro de 1945[247]. De acordo com o livro de atas consultado esta foi a última reunião efetuada

---

[239] Ibid.

[240] Ibid.

[241] Ibid.

[242] Ibid.

[243] Arquivo da Cruz Vermelha Portuguesa. Processo individual número 1542. Em *Cruz Vermelha Portuguesa - Junta Consultiva de Distribuição de Penicilina em Portugal, Volume I, 1944 - 1945*. Lisboa.

[244] Arquivo da Cruz Vermelha Portuguesa. Requisições de penicilina enviadas ao Instituto de Oncologia. Em *Livro de correspondência expedida, Volume IX*. Lisboa.

[245] Arquivo da Cruz Vermelha Portuguesa. Telegramas enviados aos clínicos com informação sobre o transporte da penicilina requisitada. Em *Livro de correspondência expedida, Volume X*. Lisboa.

[246] Arquivo da Cruz Vermelha Portuguesa. Telegrama de José Cipriano Rodrigues Dinis de confirmação da receção de penicilina em 24 de Novembro de 1944. Em *Cruz Vermelha Portuguesa - Junta Consultiva de Distribuição de Penicilina em Portugal, Volume I, 1944 - 1945*. Lisboa.

[247] Arquivo da Cruz Vermelha Portuguesa. Ata da Sessão Ordinária da Junta Consultiva da Cruz Vermelha Portuguesa para a Distribuição da Penicilina em Portugal de 12 de Janeiro de 1945. Em *Livro de atas da Junta Consultiva da Cruz Vermelha Portuguesa para a Distribuição de Penicilina em Portugal*. Lisboa.

por este organismo. A reunião iniciou-se às catorze horas e trinta minutos e decorreu no gabinete do subinspetor do material hospitalar cirúrgico e de pensos da CVP, no Jardim 9 de Abril em Lisboa. Segundo a ata, a sessão foi presidida por Fernando da Fonseca por não ter "podido comparecer, por motivo de doença, o senhor professor Francisco Gentil"[248]. Os restantes membros da Junta estiveram presentes. Após apreciação de outros assuntos foi apresentado pelo seu secretário, Luís António Xavier Júnior, "um modelo de circular a dirigir aos Excelentíssimos clínicos solicitando um relatório sobre o modo de aplicação do produto e resultados definitivos obtidos com o tratamento"[249]. Este impresso, cujo modelo foi aprovado na citada reunião, deveria, após preenchimento pelo médico assistente, ser remetido à CVP.

O documento para registo do resultado do tratamento com penicilina tem o formato de um postal dos correios, a frente encontra-se preenchida com a morada do destinatário "Cruz Vermelha Portuguesa, Praça do Comércio, Lisboa" e o verso destina-se ao preenchimento pelo clínico assistente, onde este deveria colocar o número do processo, o nome do doente, o número de ampolas de penicilina pedidas, o número de ampolas de penicilina administradas e o resultado do tratamento, aqui o médico tinha cinco opções de escolha "curado", "melhorado", "estacionado", "piorado" e "falecido". Depois de preenchido, o impresso deveria ser datado e assinado pelo clínico[250]. As informações constantes nestes documentos permitiam à Junta a elaboração de uma estatística sobre o resultado do tratamento efetuado com a penicilina. Confrontando estes dados com as patologias em que o medicamento foi administrado era possível concluir sobre a eficácia do tratamento.

---

[248] Ibid.

[249] Ibid.

[250] Arquivo da Cruz Vermelha Portuguesa. Impresso para registo do resultado do tratamento com penicilina. Em *Cruz Vermelha Portuguesa - Junta Consultiva de Distribuição de Penicilina em Portugal, Volume I, 1944 - 1945*. Lisboa.

Figura 6: Impresso para registo do resultado do tratamento com penicilina (frente)[251]

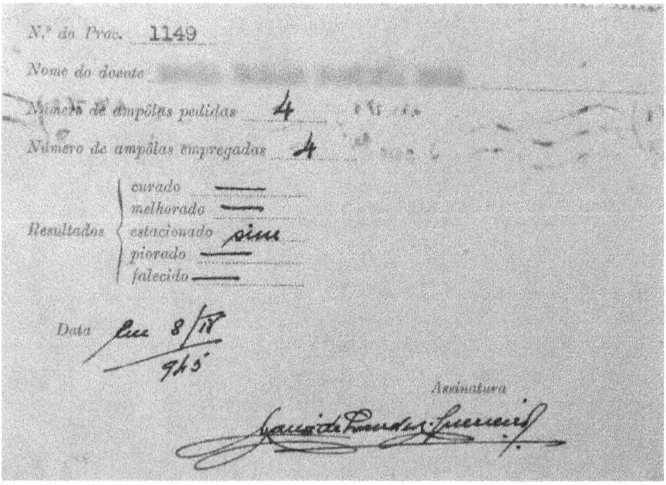

Figura 7: Impresso para registo do resultado do tratamento com penicilina (verso)[252]

---

[251] Ibid.
[252] Ibid.

Para simplificar a compreensão do circuito associado ao fornecimento e à distribuição de penicilina pela JCDPP concebemos uma representação esquemática do processo.

Figura 8: Esquema sobre o modo como era efetuado o fornecimento e a distribuição de penicilina pela Junta Consultiva para a Distribuição de Penicilina em Portugal (esquema efetuado pela autora depois de reconstituição feita sobre a distribuição de penicilina a partir de fontes manuscritas existentes no Arquivo da Cruz Vermelha Portuguesa, em Lisboa).

As informações que recolhemos sobre os clínicos que requisitaram penicilina à CVP são provenientes de três tipos de documentos existentes no arquivo da referida instituição: os questionários-requerimento e processos individuais, o livro de correspondência recebida e o livro de correspondência expedida. Os questionários-requerimento permitiram recolher o maior número de dados e destes foi possível reunir informações referentes aos médicos prescritores, aos doentes, às patologias, ao tratamento instituído e sobre o modo como os clínicos pretendiam administrar a penicilina. No entanto, o número de questionários--requerimento existente no arquivo da CVP em Lisboa é reduzido. Só restam no referido arquivo 77 questionários-requerimento e 36 processos individuais. Os processos individuais que deveriam conter além dos questionários-requeri-mento, os elementos clínicos dos pacientes e, quando fosse o caso, o atestado de pobreza, estão incompletos. Na maioria dos casos só foi possível o levantamento do número do processo, o nome do médico e o nome do doente. Entre os médicos que requereram penicilina assinalam-se alguns de significativa relevância no meio social, clínico e científico português. Também se assinalam algumas instituições. É o caso de Abel da Cunha (Lisboa), Alexandre Cancela de Abreu (Lisboa), Anselmo Ferraz de Carvalho (Caramulo), António Alves Freitas (Lisboa), Artur Azevedo Rua (Parede), Bissaya Barreto (Coimbra), Botelho Gusmão (Lisboa), British Hospital, Cabral Sacadura (Lisboa), Delegado de Saúde de Vouzela, Delegado de Saúde do Cartaxo, Eduardo Coelho (Lisboa), Fausto Dias (Beja), Fernando da Fonseca (Lisboa), Fortunato Levy (Lisboa), Francisco Gentil

(Lisboa), Gama Imaginário (Lisboa), João Maia de Loureiro (Lisboa), João Porto (Coimbra), Joaquim Alfredo Madureira (Santa Marinha do Zêzere), Joaquim Mendes Ribeiro (Lisboa), Jorge Leitão Baeta Neves (Vendas Novas), José Afonso de Matos (Estremoz), José António Reis Júnior (Lisboa), José Cipriano Rodrigues Dinis (Coimbra), José da Costa Nery (Lisboa), José Neves Tavares (Lisboa), José Oliveira Santos (Olhalvo), Júlio César Lopes Barbosa (Queluz), Leopoldo de Figueiredo (Lisboa), Lopo de Carvalho (Lisboa), Luís Macieira (Lisboa), Luís Raposo (Coimbra), Manuel Lopes Falcão (Castelo Branco), Mário Trincão (Coimbra), Matos Ferreira (Lisboa), Miguel Augusto Mendes Alves (Lisboa), Pulido Valente (Lisboa), Reinaldo dos Santos (Lisboa), Rodrigues Nina (Lisboa), Vasconcelos Marques (Lisboa), Vaz Serra (Coimbra).

As doenças que surgem nos questionários-requerimento e para as quais os clínicos requereram penicilina são infeções respiratórias, osteomielite, furunculose, fleimão em diversos membros, septicémia, feridas sépticas, abcessos, blenorreia, sinusite frontal, infeção urinária, endocardite maligna, infeções pós-operatórias e outras, sífilis, peritonite aguda, infeção pós-aborto, febre tifoide e estomatite necrótica. As infeções respiratórias incluem casos de pneumonia, broncopneumonia e de abcessos pulmonares. Estas infeções juntamente com os casos de osteomielite e septicémia encontram-se entre as patologias mais frequentes que originaram pedidos de fornecimento de penicilina. Ao analisarmos as indicações do medicamento que foram divulgadas na imprensa médica especializada[253] constatamos que estas patologias se encontravam no grupo das indicações absolutas para o emprego de penicilina, o que revela que os clínicos portugueses estavam bem informados sobre o medicamento.

Alguns questionários-requerimento têm notas manuscritas como é o caso do questionário número 1955. Este pedido foi efetuado por Miguel Augusto Mendes Alves, de Lisboa, para continuação do tratamento de uma doente com uma infeção provocada por estreptococos hemolíticos. A nota existente no questionário diz que "tendo este caso já tratado com 12 ampolas e não havendo penicilina em dose abundante, torna-se necessário justificação absoluta do seu emprego e não havendo melhoras parece indicada a desistência do seu emp"[254] o que evidencia, mais uma vez, o zelo da JCDPP na cedência do medicamento.

Nos questionários-requerimento também encontramos o processo referente ao pedido de penicilina para o tratamento de um aclamado violinista. O célebre violinista inglês de origem judaica residiu em Portugal durante a II Guerra Mundial, durante esse período for professor de violino na Academia

---

[253] Penicilina em Portugal, op.cit.

[254] Arquivo da Cruz Vermelha Portuguesa. Questionário-requerimento de penicilina número 1955, médico requerente Miguel Augusto Mendes Alves. Em *Cruz Vermelha Portuguesa - Junta Consultiva de Distribuição de Penicilina em Portugal, Volume I, 1944 - 1945*. Lisboa.

Nacional de Música e realizou concertos de beneficência a favor da CVP[255]. Em Fevereiro de 1945 o clínico Eduardo Botelho Gusmão requisitou penicilina à CVP[256] para o seu tratamento. De acordo com o questionário-requerimento o violinista padecia de "sinusite frontal...acompanhado de febre"[257] e o "estudo bacteriológico visando o isolamento do agente infecioso"[258] refere "estafilococo áureo"[259]. No seu processo individual[260] encontra-se, em nota a lápis, "grátis" que nos leva a supor que a penicilina lhe foi cedida sem encargos. Outro processo individual que se encontra no arquivo da CVP é o de M.G.C.[261], filha de um Presidente da República Portuguesa. O processo de M.G.C. está bastante incompleto, a capa do processo individual refere somente o nome do médico assistente, Raúl de Matos Ferreira. Não encontrámos o questionário-requerimento referente ao pedido de penicilina pelo que desconhecemos a sua doença. No entanto, existe um requerimento manuscrito, proveniente da Consulta Externa de Urologia do Hospital de S. José de 24 de Julho de 1945 em que o clínico requisita duas ampolas de penicilina[262]. Através do livro de correspondência recebida somos conhecedores de que a 20 de Julho de 1945 o Secretário da Presidência da República solicitou à Cruz Vermelha Portuguesa "penicilina pª filha pobre do nosso saudoso"[263] antigo presidente. Em 25 de Julho o Presidente da instituição humanitária responde que "é com o maior prazer que venho comunicar-lhe que a Cruz Vermelha Portuguesa conseguiu satisfazer o pedido de V. Exa. fornecendo gratuitamente penicilina para o tratamento da Exma.

---

[255] Arquivo da Cruz Vermelha Portuguesa. Nota de imprensa da Cruz Vermelha Portuguesa - Importante donativo - 31 de Julho de 1944. Em *Cruz Vermelha Portuguesa - Junta Consultiva de Distribuição de Penicilina em Portugal - Volume II, 1944 - 1949*. Lisboa.

[256] Arquivo da Cruz Vermelha Portuguesa. Questionário-requerimento de penicilina número 1635, médico requerente Eduardo Botelho de Gusmão. Em *Cruz Vermelha Portuguesa - Junta Consultiva de Distribuição de Penicilina em Portugal, Volume I, 1944 - 1945*. Lisboa.

[257] Ibid.

[258] Ibid.

[259] Ibid.

[260] Arquivo da Cruz Vermelha Portuguesa. Processo individual de penicilina número 989, médico requerente Eduardo Botelho de Gusmão. Em *Cruz Vermelha Portuguesa - Junta Consultiva de Distribuição de Penicilina em Portugal, Volume I, 1944 - 1945*. Lisboa.

[261] Arquivo da Cruz Vermelha Portuguesa. Processo individual de penicilina número 1884, médico requerente Raúl de Matos Ferreira. Em *Cruz Vermelha Portuguesa - Junta Consultiva de Distribuição de Penicilina em Portugal, Volume I, 1944 - 1945*. Lisboa.

[262] Arquivo da Cruz Vermelha Portuguesa. Requisição do Hospital de S. José - Consulta Externa de Urologia de 24 de Julho de 1945. Em *Cruz Vermelha Portuguesa - Junta Consultiva de Distribuição de Penicilina em Portugal, Volume I, 1944 - 1945*. Lisboa.

[263] Arquivo da Cruz Vermelha Portuguesa. Carta do Secretário da Presidência da República em 20 de Julho de 1945 - Número de ordem de entrada 10110. Em *Livro de correspondência recebida*. Lisboa.

Senhora D."[264] M.G.C.. O Secretário da Presidência da República através do ofício nº587 de 27 de Julho de 1945 apresenta ao Presidente da CVP os seus "melhores e mais reconhecidos agradecimentos pela atenção dispensada"[265]. Os livros de correspondência recebida contêm o registo da correspondência enviada para a CVP. Por intermédio da sua consulta foi possível apurar o nome de clínicos que requisitaram penicilina, a data em que o pedido foi efetuado e nalguns casos o local de onde era proveniente. A análise dos livros de correspondência recebida pela CVP permite-nos ter uma visão da dimensão do número de pedidos de penicilina que foram efetuados à instituição. Entre o dia 20 e o dia 30 de Setembro de 1944 deram entrada no livro de correspondência recebida da CVP 194 cartas, destas 94 são referentes a solicitações, de médicos, familiares de doentes e instituições, para o envio de penicilina ou dos questionários-requerimento necessários para requerer o medicamento. Os pedidos são originados de todas as regiões do país e até da ilha da Madeira. Neles encontramos o nome de algumas instituições e clínicos, como Delegado de Saúde de Monção, Delegado de Saúde de Soure, Dr. António de Deus Rodrigues (Caldas da Rainha), Dr. Santos Reis (Estarreja), Delegação da Cruz Vermelha Portuguesa de Braga, Dr. Alberto Costa (Coimbra), Misericórdia da Freguesia de Sangalhos, Dra. Cremilda Pinto Fernandes (Porto), Dr. Fernando da Cunha (Odivelas), Dr. José Cardoso de Melo Couceiro (Aveiro), Dr. Acácio de Abreu Faria (Alcácer do Sal), Delegação da Cruz Vermelha de Estremoz, Dr. Vitoriano Ribeiro de Figueiredo e Castro (Melgaço), Dr. Armando d'Abreu (Cabeceiras de Basto), Dr. L. Bernardino da Silva (Olhão), Dr. Egídio Viana Pinto (Régua), Dr. João Maria da Fonseca (Cabanas de Viriato), Dr. Octávio Valle (Odemira), Dr. Adelino de Sousa Araújo (Moncorvo), Estabelecimento Termal das Caldas de Monchique, Dr. Luís Bandeira (Leiria), Santa Casa da Misericórdia de Cascais, Dr. Ferreira Leite (Vila Nova de Gaia), Maternidade Alfredo da Costa (Lisboa), Dr. A. Bandeira Ribeiro (Viseu), Dr. Almeida e Sousa (Alcobaça), Santa Casa da Misericórdia do Funchal, Dr. José Ranito Baltazar (Covilhã).

Através de uma análise detalhada dos livros de correspondência recebida da CVP entre Setembro de 1944 e Junho de 1945 verificámos que para este período foram efetuados 1244 pedidos de penicilina à instituição humanitária. Na maioria dos casos era requisitada mais do que uma embalagem do antibiótico. As tabelas seguintes mostram a distribuição geográfica dos pedidos e a sua distribuição ao longo dos meses.

---

[264] Arquivo da Cruz Vermelha Portuguesa. Carta enviada ao Secretário da Presidência da Republica em 25 de Julho de 1945. Em *Cruz Vermelha Portuguesa - Junta Consultiva de Distribuição de Penicilina em Portugal, Volume I, 1944 - 1945*. Lisboa.

[265] Arquivo da Cruz Vermelha Portuguesa. Carta da Secretaria da Presidência da Republica em 27 de Julho de 1945. Em *Cruz Vermelha Portuguesa - Junta Consultiva de Distribuição de Penicilina em Portugal, Volume I, 1944 - 1945*. Lisboa.

| Localidade | Pedidos de penicilina à CVP |
|---|---|
| Abrantes | 13 |
| Agueda | 11 |
| Aveiro | 23 |
| Bombarral | 10 |
| Braga | 47 |
| Caldas da rainha | 24 |
| Coimbra | 103 |
| Estremoz | 21 |
| Évora | 13 |
| Figueira da foz | 24 |
| Funchal | 12 |
| Gouveia | 10 |
| Lagos | 10 |
| Lisboa | 161 |
| Mangualde | 11 |
| Ponta delgada | 17 |
| Porto | 154 |
| Viana do castelo | 29 |
| Viseu | 25 |
| Outras localidades | 294 |
| Sem localidade mencionada | 232 |
| Total | 1244 |

Tabela 1: Pedidos de penicilina à CVP entre Setembro de 1944 e Junho de 1945 por localidade (tabela elaborada pela autora a partir de dados recolhidos nos Livros de Correspondência existentes no Arquivo da Cruz Vermelha Portuguesa, em Lisboa).

Por análise da Tabela 1 podemos verificar que as localidades de Lisboa, Porto e Coimbra surgem com maior representatividade. Este facto não é de estranhar tendo em consideração a maior densidade populacional existente nestas cidades e ao facto de nelas estarem localizados hospitais de grande dimensão e universitários, com especialidades médicas inexistentes na maioria dos hospitais regionais. Apesar de uma percentagem elevada dos pedidos ter tido origem nas mencionadas cidades, a penicilina foi requisitada por todas as regiões de Portugal Continental e Ilhas Adjacentes.

| Mês | Penicilina pedida CVP |
|---|---|
| Setembro 1944 | 63 |
| Outubro 1944 | 140 |
| Novembro 1944 | 218 |
| Dezembro 1944 | 174 |
| Janeiro 1945 | 228 |
| Fevereiro 1945 | 110 |
| Março 1945 | 67 |
| Abril 1945 | 76 |
| Maio 1945 | 79 |
| Junho 1945 | 89 |
| Total | 1244 |

Tabela 2: Pedidos de penicilina à CVP entre Setembro de 1944 e Junho de 1945 por mês (tabela elaborada pela autora a partir de dados recolhidos nos Livros de Correspondência existentes no Arquivo da Cruz Vermelha Portuguesa, em Lisboa).

Verificamos através da Tabela 2 que os meses de Novembro de 1944 e Janeiro de 1945 aparentam ser os meses com o maior número de pedidos de penicilina à CVP e que a partir de Janeiro de 1945 o número de pedidos efetuados diminui. No entanto este facto não traduz a realidade da situação. Conforme referimos anteriormente, as remessas de penicilina vindas dos EUA aumentaram em Janeiro de 1945 e novamente em Março de 1945. De modo a facilitar a distribuição do antibiótico e assegurar a celeridade do processo, a CVP solicitou às suas principais delegações para serem depósitos regionais de penicilina. As delegações de Ponta Delgada[266], do Funchal[267] e do Porto[268] são exemplos. Mais uma vez aqui a CVP garantiu que as condições de conservação da penicilina fossem asseguradas. Em 29 de Janeiro de 1945 a delegação da CVP do Porto "informa que já tem o frigorífico para a penicilina, estando assim habilitada a recebeu o lote de 'Penicilina' anunciado por telef. no dia 22 do corrente"[269]. Pressupomos que a aparente diminuição no número de pedidos de penicilina efetuados à sede da CVP em Lisboa, conforme os dados da Tabela 2 esteja relacionada com o

---

[266] Arquivo da Cruz Vermelha Portuguesa. Carta da Delegação da CVP de Ponta Delgada de 13 de Janeiro de 1945 - Número de ordem de entrada 6796. Em *Livro de correspondência recebida*. Lisboa.

[267] Arquivo da Cruz Vermelha Portuguesa. Carta da Delegação da CVP do Funchal de 24 de Janeiro de 1945 - Número de ordem de entrada 6922. Em *Livro de correspondência recebida*. Lisboa.

[268] Arquivo da Cruz Vermelha Portuguesa. Carta da Delegação da CVP do Porto de 22 de Janeiro de 1945 - Número de ordem de entrada 6726. Em *Livro de correspondência recebida*. Lisboa.

[269] Arquivo da Cruz Vermelha Portuguesa. Carta da Delegação da CVP do Porto de 29 de Janeiro de 1945 - Número de ordem de entrada 6927. Em *Livro de correspondência recebida*. Lisboa.

facto de diversas delegações regionais da instituição se terem tornado armazéns de depósitos do antibiótico. Somos da opinião que a coincidência nas datas suporta este facto.

Por análise dos livros de correspondência expedida da CVP conseguimos apurar para quem foi fornecida a penicilina referente ao questionário-requerimento número um. No dia 20 de Setembro de 1944, pelas 16 horas, a CVP em Lisboa recebeu um telegrama do Delegado de Saúde de Monção que "pede o envio imediato de "Penicilina" para um doente grave de cujo estado dá indicações"[270]. No próprio dia, a JCDPP enviou uma requisição ao Instituto de Oncologia onde solicitou "o fornecimento a estes Serviços Centrais de 2 (duas) ampolas de Penicilina com destino ao Delegado de Saúde de Monção"[271]. Também neste dia a CVP informou o requerente que no "comboio correio Norte de hoje seguem duas ampolas de Penicilina ao cuidado do Chefe Estação CP Monção ponto conveniente colocá-las na geleira"[272]; para além do telegrama também foi enviada uma carta, para o Delegado de Saúde de Monção, onde o Secretário-geral da CVP, Luís de Albuquerque Bettencourt, informou que apesar de não terem "sido previamente cumpridas as formalidades estabelecidas para o fornecimento de 'Penicilina', o Exmo Senhor Tenente-Médico Dr. Luís António Xavier Júnior, Secretário da JCDPP, tendo em atenção tratar-se de um pedido preveniente de uma Entidade Oficial, deu parecer favorável ao mesmo"[273] e que "anexo a este ofício enviamos a V.Exª o questionário para ser preenchido pelo Exmo Clínico que requere Penicilina"[274]. No dia 21 de Setembro o Delegado de Saúde de Monção "acusa a recep. de 2 ampolas de Penicilina"[275], no dia seguinte, através do ofício número 19, "envia o questionário-requerimento de Penicilina e assume a responsabilidade pelas despesas"[276] e "pede mais duas ampolas de Penicilina"[277]. Em 23 de Setembro o Secretário da JCDPP responde que "em referência ao ofício de V.Exª no19 de 22 do corrente, temos a honra de informar que o questionário

[270] Arquivo da Cruz Vermelha Portuguesa. Telegrama do Delegado de Saúde de Monção de 20 de Setembro de 1944 - Número de ordem de entrada 3913. Em *Livro de correspondência recebida*. Lisboa.

[271] Arquivo da Cruz Vermelha Portuguesa. Requisição enviada ao Instituto de Oncologia em 20 de Setembro de 1944 - Número de ordem 4501. Em *Livro de correspondência expedida, Volume X*. Lisboa.

[272] Arquivo da Cruz Vermelha Portuguesa. Telegrama enviado ao Delegado de Saúde de Monção em 20 de Setembro de 1944 - Número de ordem 4513. Em *Livro de correspondência expedida, Volume VIII*. Lisboa.

[273] Arquivo da Cruz Vermelha Portuguesa. Carta enviada ao Delegado de Saúde de Monção em 20 de Setembro de 1944 - Número de ordem 4514. Em *Livro de correspondência expedida, Volume X*. Lisboa.

[274] Ibid.

[275] Arquivo da Cruz Vermelha Portuguesa. Telegrama do Delegado de Saúde de Monção de 21 de Setembro de 1944 - Número de ordem de entrada 3934. Em *Livro de correspondência recebida*. Lisboa.

[276] Arquivo da Cruz Vermelha Portuguesa. Carta do Delegado de Saúde de Monção de 22 de Setembro de 1944 - Número de ordem de entrada 3964. Em *Livro de correspondência recebida*. Lisboa.

[277] Arquivo da Cruz Vermelha Portuguesa. Telegrama do Delegado de Saúde de Monção de 22 de Setembro de 1944 - Número de ordem de entrada 3957. Em *Livro de correspondência recebida*. Lisboa.

sobre o doente, senhor P.M.A., residente em Pias, registado sob o nº1 nesta data, vai ser submetido à apreciação da Junta Consultiva de Distribuição de Penicilina em Portugal, bem como todo o processo referente ao mesmo caso. Só após esse despacho é que poderemos voltar a remeter ampolas do citado produto. É-nos completamente impossível proceder de outra forma em consequência das expressas deliberações da mesma"[278]. O processo foi deferido pela Junta Consultiva e em 26 de Setembro foram enviadas mais duas ampolas de penicilina para o Delegado de Saúde de Monção[279]. Por observação das datas envolvidas neste processo conseguimos demonstrar que apesar dos rigorosos procedimentos instituídos e dos, aproximadamente, 500 quilómetros que separam Monção de Lisboa o fornecimento de penicilina foi extremamente rápido, o pedido chegou a Lisboa às 16 horas do dia 20 de Setembro e no dia seguinte o Delegado de Saúde de Monção acusava a receção do medicamento.

O controlo exercido pela JCDPP no fornecimento e distribuição do medicamento foi exemplar, todas as fases do processo foram devidamente monitorizadas e documentadas. No entanto, apesar de terem sido implementados procedimentos minuciosos e tomadas todas as medidas para os monitorizar, dois enfermeiros, do Hospital de Santa Marta, obtiveram e transacionaram penicilina ilegalmente[280]. Em 12 de Maio de 1945 o Secretário-geral da CVP alertou a Polícia de Segurança Pública que estava "sendo negociada penicilina à margem desta Instituição"[281] e solicitou que efetuassem as "convenientes averiguações a fim de se apurar se essa penicilina foi furtada da Cruz Vermelha ou se foi aqui obtida indevidamente"[282]. A 23 de Maio o segundo comandante da Polícia da Segurança Pública de Lisboa, Major A. Monteiro Libório, dirigiu-se ao Secretário-geral da CVP dando-lhe conhecimento da investigação em curso e enviando-lhe cópia de dois documentos com informações recolhidas sobre a "venda ilegal e especulação com penicilina"[283]. Também o informou que o processo

---

[278] Arquivo da Cruz Vermelha Portuguesa. Carta enviada à Delegação de Saúde de Monção em 23 de Setembro de 1944 - Número de ordem 4600. Em *Livro de correspondência expedida, Volume X*. Lisboa.

[279] Arquivo da Cruz Vermelha Portuguesa. Telegrama enviado ao Delegado de Saúde de Monção em 26 de Setembro de 1944 - Número de ordem 4634. Em *Livro de correspondência expedida, Volume X*. Lisboa.

[280] Arquivo da Cruz Vermelha Portuguesa. Carta dos Serviços de Fiscalização contra Açambarcamento e Especulação do Comando da Polícia de Segurança Pública de Lisboa - ofício 2339/45 de 3 de Julho de 1945. Em *Cruz Vermelha Portuguesa - Junta Consultiva de Distribuição de Penicilina em Portugal - Volume II, 1944 - 1949*. Lisboa.

[281] Arquivo da Cruz Vermelha Portuguesa. Carta enviada ao Comandante da Polícia de Segurança Pública em 12 de Maio de 1945. Em *Cruz Vermelha Portuguesa - Junta Consultiva de Distribuição de Penicilina em Portugal - Volume II, 1944 - 1949*. Lisboa.

[282] Ibid.

[283] Arquivo da Cruz Vermelha Portuguesa. Carta número A.C. 836 S.I. da Polícia da Segurança Pública de Lisboa de 23 de Maio de 1945. Em *Cruz Vermelha Portuguesa - Junta Consultiva de Distribuição de Penicilina em Portugal - Volume II, 1944 - 1949*. Lisboa.

tinha sido remetido à Secção Contra Açambarcamento e Especulação da Polícia de Segurança Pública e que fora dado conhecimento do processo ao Diretor do Hospital Escolar[284]. Os documentos cuja cópia foi remetida pela secção de informações da Polícia de Segurança Pública de Lisboa para a Cruz Vermelha Portuguesa datam de 18 de Maio de 1945. Tendo o processo dado entrada a 12 de Maio pressupomos que as entidades oficiais trataram este caso como prioritário. Um dos documentos enviados à instituição humanitária contém informações sobre o processo que levou à detenção de Jacinto Pereira dos Santos e Joaquim Pereira da Costa "por especulação com penicilina"[285]. Ambos os detidos eram enfermeiros no Hospital de Santa Marta e residiam em Vila Nova da Estefânia. Após a denúncia da CVP a Polícia de Segurança Pública efetuou averiguações com vista a esclarecer a veracidade das alegações sobre a venda ilícita de penicilina. Com base em informações que detinham sobre a suposta venda do medicamento no Café Paladium e sabendo que o enfermeiro Jacinto Pereira dos Santos havia oferecido a um doente internado no Hospital de Santa Marta penicilina ao preço de 1000$00 por cada ampola foi encarregado "o guarda nº2715, Augusto Ribeiro Baptista, da Secção de Informações deste Comando, de procurar o enfermeiro Jacinto e comprar-lhe uma ampola de penicilina"[286]. Quando contactou o enfermeiro este informou o guarda que não dispunha de penicilina "mas que falaria com o seu colega que nesse dia entrava de serviço às 19 e 30 horas, que era quem a podia arranjar, informando-o que era bom telefonar às 20 horas ao dito colega, que designava pelo apelido Costa"[287]. Quando o guarda contactou o enfermeiro Costa foi informado que deveria dirigir-se, no dia seguinte às 15 horas, ao Café Paladuim para adquirir o medicamento a Jacinto Pereira dos Santos. À hora combinada surgiu o enfermeiro Jacinto que "no passeio por de traz do quiosque que existe defronte do Café Paladium"[288] vendeu ao guarda "uma ampola de penicilina por 1000$00"[289]. Esta transação comprovou que penicilina estava a ser comercializada ilegalmente. Investigações subsequentes esclareceram que o enfermeiro Joaquim Pereira da Costa recebia uma comissão de 200$00 pela venda de cada ampola do medicamento e que a penicilina vendida ilegalmente "era requisitada para doentes e lhes não era aplicada"[290]. Foram anexadas ao processo declarações de pacientes para corroborarem este facto. Também foi apurado que

---

[284] Ibid.

[285] Arquivo da Cruz Vermelha Portuguesa. Documento da Secção de Informações da Polícia de Segurança Pública de Lisboa de 18 de Maio de 1945. Em *Cruz Vermelha Portuguesa - Junta Consultiva de Distribuição de Penicilina em Portugal - Volume II, 1944 - 1949*. Lisboa.

[286] Ibid.

[287] Ibid.

[288] Ibid.

[289] Ibid.

[290] Ibid.

os enfermeiros "abusaram da boa-fé dos médicos"[291] apesentando requisições ilegais de doentes fictícios. Este documento conclui que "os enfermeiros referidos praticaram o delito de especulação com produtos farmacêuticos com que não podiam negociar e que eram desviados do legal destino que pelas requisições médicas lhe era indicado, pelo que sou de perecer este processo seja enviado à Secção contra Açambarcamento e Especulação, em Santa Marta, acompanhado pelos detidos"[292].

O outro documento, com a mesma data, enviado à CVP foi uma cópia do auto de detenção de Jacinto Pereira dos Santos e de Joaquim Pereira da Costa[293]. O processo seguiu para Serviços de Fiscalização contra Açambarcamento e Especulação do Comando da Polícia de Segurança Pública onde deu entrada a 4 de Junho de 1945[294]. Em 11 de Junho o Diretor da Polícia de Investigação Criminal, Diretoria de Lisboa, dirigiu-se ao Secretário-geral da CVP solicitando informações "sobre as quantidades de penicilina que foi enviada para o Hospital Escolar, as datas em que foram fornecidas e em que datas foram requisitadas e bem assim por quem foram assinadas as respetivas requisições"[295]. A 20 de Junho a CVP enviou à entidade oficial a listagem que lhe fora solicitada "com as quantidades de ampolas de penicilina fornecidas ao Hospital Escolar"[296]. Esta listagem especifica as datas em que foram efetuadas as requisições, as datas em que as ampolas de penicilina foram fornecidas, o nome do requerente e o número de ampolas fornecidas. As requisições foram efetuadas entre Setembro de 1944 e Junho de 1945 tendo sido fornecidas 465 ampolas de penicilina. Os requerentes foram os clínicos Luís Banha, Adelino Padesca, Cascão Ansiães, Gouveia e Costa e António José da Silva[297]. Segundo a nossa investigação a conclusão deste processo foi comunicada ao Presidente da CVP pelos Serviços de Fiscalização contra Açambarcamento e Especulação do Comando da Polícia de Segurança Pública de Lisboa através ofício número 2339/45 de 3 de Julho

---

[291] Ibid.

[292] Ibid.

[293] Arquivo da Cruz Vermelha Portuguesa. Cópia do auto de detenção de Jacinto Pereira dos Santos e de Joaquim Pereira da Costa - Polícia de Segurança Pública de 18 de Maio de 1945. Em *Cruz Vermelha Portuguesa - Junta Consultiva de Distribuição de Penicilina em Portugal - Volume II, 1944 - 1949*. Lisboa.

[294] Arquivo da Cruz Vermelha Portuguesa. Documento dos Serviços de Fiscalização contra Açambarcamento e Especulação do Comando da Polícia de Segurança Pública de Lisboa de 4 de Junho de 1945. Em *Cruz Vermelha Portuguesa - Junta Consultiva de Distribuição de Penicilina em Portugal - Volume II, 1944 - 1949*. Lisboa.

[295] Arquivo da Cruz Vermelha Portuguesa. Carta da Polícia de Investigação Criminal - Diretoria de Lisboa de 11 de Junho de 1945. Em *Cruz Vermelha Portuguesa - Junta Consultiva de Distribuição de Penicilina em Portugal - Volume II, 1944 - 1949*. Lisboa.

[296] Arquivo da Cruz Vermelha Portuguesa. Carta enviada ao Director da Polícia de Investigação Criminal em 20 de Junho de 1945. Em *Cruz Vermelha Portuguesa - Junta Consultiva de Distribuição de Penicilina em Portugal - Volume II, 1944 - 1949*. Lisboa.

[297] Arquivo da Cruz Vermelha Portuguesa. Listagem das ampolas de penicilina fornecidas pela Cruz Vermelha Portuguesa ao Hospital Escolar. Em *Cruz Vermelha Portuguesa - Junta Consultiva de Distribuição de Penicilina em Portugal - Volume II, 1944 - 1949*. Lisboa.

de 1945. Neste ofício o Tenente de Infantaria Miguel Artur Guedes da Silveira, oficial encarregado do processo, informou o presidente da instituição humanitária "que a penicilina não foi furtada nessa instituição, mas sim adquirida ilegalmente pelos enfermeiros do Hospital Escolar, Jacinto Pereira dos Santos e Joaquim Pereira da Costa, sendo-lhes instaurado processo pelo crime de especulação"[298].

A JCDPP conseguiu implementar e manter uma organização excecional no fornecimento e na distribuição do medicamento no nosso país. No entanto, apesar de não ser evidente no resultado final do seu trabalho, houve momentos de tensão interna originados por um desentendimento entre o seu presidente, Francisco Gentil, e um funcionário da Embaixada dos EUA em Lisboa, Raymond M. Pardillo.

Em 26 de Março de 1945 Francisco Gentil solicitou à Embaixada dos EUA autorização para utilizar doze ampolas de penicilina, do seu contingente, para o tratamento do doente L.P.P.[299]. Seguindo e respeitando os procedimentos instituídos o clínico preencheu o questionário-requerimento número 1970[300] mencionando os antecedentes pessoais do doente "sífilis, diabetes" e a história da doença atual "desde muito perturbações nervosas sem localização precisa", no parâmetro "como pretende administrar a Penicilina?" refere "inj. 10 000 U de 3 em 3 intra musculares". Foi atribuído o número 1167 a este processo individual[301]. No dia 27 de Março a Embaixada dos EUA dirigiu-se à Junta Consultiva de Distribuição da Penicilina em Portugal solicitando que fossem entregues a Francisco Gentil doze ampolas de penicilina e que não fosse cobrada qualquer importância visto que o clínico ia restituir as mesmas[302]. A 4 de Abril decorreu uma conversa entre o funcionário da Embaixada dos Estados Unidos, Raymond M. Pardillo, e a Junta Consultiva onde foi discutido que o Prof. Doutor Francisco Gentil ainda não havia levantado dez das doze ampolas de penicilina que tinha requisitado. Na sequência desta conversa, a 5 de Abril, o Adido Comercial da citada embaixada dirigiu-se à Junta Consultiva revogando a autorização concedida a 27 de Março a Francisco Gentil e solicitando que

---

[298] Arquivo da Cruz Vermelha Portuguesa. Carta dos Serviços de Fiscalização contra Açambarcamento e Especulação do Comando da Polícia de Segurança Pública de Lisboa - ofício 2339/45 de 3 de Julho de 1945, *op.cit.*

[299] Arquivo da Cruz Vermelha Portuguesa. Carta da Embaixada dos Estados Unidos da América de 26 de Março de 1945. Em *Cruz Vermelha Portuguesa - Junta Consultiva de Distribuição de Penicilina em Portugal, Volume I, 1944 - 1945*. Lisboa.

[300] Arquivo da Cruz Vermelha Portuguesa. Questionário-requerimento de penicilina número 1970, médico requerente Francisco Gentil. Em *Cruz Vermelha Portuguesa - Junta Consultiva de Distribuição de Penicilina em Portugal, Volume I, 1944 - 1945*. Lisboa.

[301] Arquivo da Cruz Vermelha Portuguesa. Processo individual de penicilina número 1167, médico requerente Francisco Gentil. Em *Cruz Vermelha Portuguesa - Junta Consultiva de Distribuição de Penicilina em Portugal, Volume I, 1944 - 1945*. Lisboa.

[302] Arquivo da Cruz Vermelha Portuguesa. Carta da Embaixada dos Estados Unidos da América em 27 de Março de 1945. Em *Cruz Vermelha Portuguesa - Junta Consultiva de Distribuição de Penicilina em Portugal, Volume I, 1944 - 1945*. Lisboa.

"as dez ampolas que ficaram por levantar deverão automaticamente ingressar no contingente desta Embaixada"[303]. No mesmo dia o Secretário da Junta Consultiva, Formosinho Sanches, informou o Prof. Doutor Francisco Gentil do teor da carta da Embaixada dos Estados Unidos da América, transcrevendo, inclusivamente, partes do texto[304]. A resposta de Francisco Gentil surge a 13 de Abril. Partes do texto desta carta foram eliminadas, pelo que supomos que o documento foi alvo de análise pela Direção dos Serviços de Censura. A carta dirigida ao Presidente da CVP, que transcrevemos, demonstra o desagrado do Prof. Doutor Francisco Gentil,

"Lisboa, 13 de Abril de 1945
Exm.º Senhor Almirante
É do meu dever, como funcionário, acatar as ordens do meu Governo, mas quanto V.Ex.ª em 5 de Julho de 1944 me informou da escolha feita pelo então Embaixador dos Estados Unidos para presidente da Junta de distribuição da Penicilina aceitei a indicação e o pedido de V.Ex.ª só pelo desejo de ser útil e não por qualquer dever de obedien- (parte do texto eliminado).

Agora neste caso das 12 ampolas por mim requisitadas surge uma imper- tinencia de dois funcionários que não tolero. O da Embaixada, que não sei a categoria que tem e a do seu empregado - o médico que me transmite com desvanecido prazer a desagradável forma do ilustre americano.

Não vou dizer a V.Ex.ª o que fiz e me é indiferente hoje que cessam as minhas funções, mas quero frisar quanto fez o meu assistente Dr. Lima Basto, só a meu pedido, para me auxiliar e por favor.

É claro que ele cessa desde já de aturar as impertinencias a que tem estado submetido e eu peço a V.Ex.ª para determinar que os frigoríficos do Instituto Português de Oncologia sejam desocupados, pois não quero ter quaisquer relações com o pessoal que trata da Penicilina.

Sua Ex.ª o atual Embaixador é médico e por certo no seu País não está habituado a ver tratar os professores com a impertinente falta de consideração do seu funcionário.

Quanto à Cruz Vermelha Portuguesa, nela só tenho de me entender com V.Ex.ª para, desde este momento, me desobrigar de qualquer interferência no caso da penicilina.

Com muitos cumprimentos,
De V.Ex.ª At.º e Vnr.
Francisco Gentil"[305]

---

[303] Arquivo da Cruz Vermelha Portuguesa. Carta da Embaixada dos Estados Unidos da América em 5 de Abril de 1945. Em *Cruz Vermelha Portuguesa - Junta Consultiva de Distribuição de Penicilina em Portugal, Volume I, 1944 - 1945*. Lisboa.

[304] Arquivo da Cruz Vermelha Portuguesa. Carta enviada a Francisco Gentil em 5 de Abril de 1945. Em *Cruz Vermelha Portuguesa - Junta Consultiva de Distribuição de Penicilina em Portugal - Volume II, 1944 - 1949*. Lisboa.

[305] Arquivo da Cruz Vermelha Portuguesa. Carta de Francisco Gentil em 13 de Abril de 1945, *op.cit.*

Pelo teor da carta constatamos que Francisco Gentil ficou muito incomodado pelo modo como o caso foi conduzido, de tal forma que apresentou a sua demissão do cargo de presidente da JCDPP e solicitou que o medicamento fosse retirado da guarda do IPO. Na sequência desta carta, a 17 de Abril, o Presidente da CVP dirigiu-se ao clínico na tentativa de esclarecer o equívoco[306], lamentando que este "se tivesse melindrado com a atitude de um empregado da Embaixada Americana e com o procedimento do Snr. Dr. Formosinho Sanches, como Secretário da Junta Consultiva"[307], informando que teve conhecimento que o referido Secretário já apresentou "as devidas explicações"[308] e transmitindo que "quanto à Embaixada dos Estados Unidos, acabo de ter uma conferência com o Snr. Ives, que me deu as mais sobejas provas de elevada consideração que tem pelo Professor Francisco Gentil, não podendo portanto ter tido, nem ele nem qualquer dos seus empregados, a menor intenção de ofender o muito digno Presidente da Junta Consultiva"[309]. Termina com a expetativa que Francisco Gentil "em vista do exposto, não insista no seu propósito de se demitir do exercício das funções junto da Cruz Vermelha Portuguesa, continuando a prestigiar com o seu nome esta Instituição"[310]. Também a 17 de Abril o Adido Comercial da EUA, J. Winsor Ives, dirigiu--se ao Presidente da CVP, Almirante Guilherme Ivens Ferraz, esclarecendo que relativamente ao assunto em questão "não houve o intuito de ofender"[311]. A 18 de Abril, Francisco Gentil responde ao Almirante Ivens Ferraz[312]. Na carta o médico refere que "a V. Ex.ª pessoalmente e à Cruz Vermelha Portuguesa, prestarei sempre a minha maior dedicação"[313] mas o seu desagrado em rela-ção às atitudes adotadas pelo representante da Embaixada Americana e pelo Secretário da Junta Consultiva subsiste. Outro motivo de descontentamento manifestado por Francisco Gentil foi a substituição, sem seu conhecimento, do secretário da Junta, Luís Xavier Júnior por Formosinho Sanches. Face às evidências expostas Francisco Gentil informou o Almirante Ivens Ferraz que "em relação à Embaixada Americana e à Comissão da Penicilina, a minha situação é a mesma e eu não vejo razão para aí continuar. Por isso reafirmando

---

[306] Arquivo da Cruz Vermelha Portuguesa. Carta enviada a Francisco Gentil em 17 de Abril de 1945, *op.cit.*

[307] Ibid.

[308] Ibid.

[309] Ibid.

[310] Ibid.

[311] Arquivo da Cruz Vermelha Portuguesa. Carta da Embaixada dos Estados Unidos da América em Lisboa em 17 de Abril de 1945. Em *Cruz Vermelha Portuguesa - Junta Consultiva de Distribuição de Penicilina em Portugal - Volume II, 1944 - 1949*. Lisboa.

[312] Arquivo da Cruz Vermelha Portuguesa. Carta de Francisco Gentil em 18 de Abril de 1945. Em *Cruz Vermelha Portuguesa - Junta Consultiva de Distribuição de Penicilina em Portugal - Volume II, 1944 - 1949*. Lisboa.

[313] Ibid.

a minha consideração pessoal por V.Ex.ª e pela Cruz Vermelha, continuo livre dos encargos da penicilina"[314]. No dia seguinte, 19 de Abril, o presidente da instituição humanitária escreve novamente a Francisco Gentil tentando demovê-lo do seu intento[315]. Referiu que "continuo muito penalizado pela sua insistência em se libertar dos encargos de Presidente da Junta Consultiva de distintos médicos que superiormente orienta um importante e humanitário serviço desta Instituição. Fiz com a maior amizade e respeito todas as diligências para dar uma merecida satisfação a V.Exª., mas custa-me ver que, até aqui, foi malogrado o meu intento"[316]. Em relação à substituição do secretário da Junta Consultiva, Ivens Ferraz afirmou esperar "que mais uma explicação consiga demover"[317] o clínico do seu desígnio, esclareceu que "no dia 15 de Março mandei, por ser urgente, um ofício ao Snr. Dr. Ernesto Roma preguntando se a Junta dava o seu acordo à substituição do Dr. Xavier pelo Dr. Formosinho no cargo de Secretário dessa mesma Junta. Foi-me respondido afirmativamente, no dia seguinte"[318]. Ivens Ferraz tinha esperança que esta elucidação fizesse desparecer "mais uma causa aparente de justificação da resolução de V.Exª. de deixar a Presidência da Junta Consultiva de Distribuição de Penicilina em Portugal"[319]. De acordo com a resposta do clínico, enviada no próprio dia, o almirante não conseguiu o seu objetivo, Francisco Gentil continuou ressentido relativamente aos acontecimentos e intransigente na sua decisão de abandonar o seu cargo, afirmando que "sendo preciso anuncio nos jornais que não estou para continuar a servir a Legação da América e porquê"[320]. Em conformidade com o exposto somos levados a supor que Francisco Gentil abandonou a Presidência da Junta Consultiva de Distribuição de Penicilina em Portugal nesta data. Nos documentos que consultamos referentes à citada junta não encontramos menção à substituição do Prof. Doutor Francisco Gentil como presidente da mesma. Encontrámos uma carta datada de 28 de Junho, remetida pelo Almirante Ivens Ferraz, onde o presidente da instituição humanitária informou o seu "muito estimado amigo"[321] Francisco Gentil que esteve reunido com o Embaixador dos Estados Unidos da América,

---

[314] Ibid.

[315] Arquivo da Cruz Vermelha Portuguesa. Carta enviada a Francisco Gentil em 19 de Abril de 1945, *op.cit.*

[316] Ibid.

[317] Ibid.

[318] Ibid.

[319] Ibid.

[320] Arquivo da Cruz Vermelha Portuguesa. Carta de Francisco Gentil de 19 de Abril de 1945. Em *Cruz Vermelha Portuguesa - Junta Consultiva de Distribuição de Penicilina em Portugal - Volume II, 1944 - 1949*. Lisboa.

[321] Arquivo da Cruz Vermelha Portuguesa. Carta enviada a Francisco Gentil em 28 de Junho de 1945. Em *Cruz Vermelha Portuguesa - Junta Consultiva de Distribuição de Penicilina em Portugal - Volume II, 1944 - 1949*. Lisboa.

Herman Benjamin Baruch[322] e que este "sentia muito saber o que se passara"[323] e que como médico "consideraria como uma grande honra se V.Exª. se dignasse um dia passar pela Embaixada, para conversarem como colegas"[324]. Relativamente ao IPO sabemos que a penicilina continuou na sua guarda até terminar o controlo exercido pela CVP na sua distribuição. Na carta de agradecimento enviada a 5 de Dezembro de 1945 pela CVP é reconhecido o "alto favor prestado não só à C.V.P. como também, e muito especialmente, aos doentes que tiveram de recorrer ao famoso produto"[325], nesta carta de agradecimento também é feita referência ao apoio prestado pelo Dr. Lima Basto na distribuição da penicilina. Do exposto concluímos que o Prof. Doutor Francisco Gentil não deu seguimento ao seu pedido para serem retiradas as ampolas de penicilina do seu local de armazenamento nos frigoríficos do IPO.

A partir de 1945, com o aumento da produção mundial, passou a existir penicilina em quantidade suficiente para abastecer o circuito comercial de distribuição do medicamento[326] tornando-se desnecessária a intervenção das comissões controladoras no processo[327]. A 6 de Junho de 1945 a CVA informou a sua congénere portuguesa sobre esta situação e indagou se pretendiam receber os contingentes de penicilina de Maio e Junho que se encontravam pendentes. A 14 de Junho a instituição portuguesa indagou à Comissão Reguladora dos Produtos Químicos e Farmacêuticos (CRPQF)[328]

---

[322] Herman Benjamin Baruch foi nomeado para Embaixador dos Estados Unidos da América em Portugal em 9 Fevereiro de 1945, substituindo o anterior embaixador Raymond Henry Norweb.

[323] Arquivo da Cruz Vermelha Portuguesa. Carta enviada a Francisco Gentil em 28 de Junho de 1945, *op. cit.*

[324] Ibid.

[325] Arquivo da Cruz Vermelha Portuguesa. Carta enviada ao Instituto Português de Oncologia em 5 de Dezembro de 1945 - Número de ordem 5511. Em *Livro de correspondência expedida*. Lisboa.

[326] Bud, *Penicillin Triumph and Tragedy*, *op.cit.*, 61.

[327] Arquivo da Cruz Vermelha Portuguesa. Telegrama enviado pela Cruz Vermelha Americana em 6 de Junho de 1945. Em *Cruz Vermelha Portuguesa - Junta Consultiva de Distribuição de Penicilina em Portugal, Volume I, 1944 - 1945*. Lisboa.

[328] Através do Decreto-lei nº 30 270 de 12 de Janeiro de 1940 o Ministério do Comércio e Indústria decretou a constituição de um organismo de coordenação económica, a Comissão Reguladora dos Produtos Químicos e Farmacêuticos (CRPQF), para tutelar as atividades inerentes ao comércio de produtos medicinais e especialidades farmacêuticas, de adubos, corretivos e outros produtos utilizados na agricultura e de drogas e produtos não específicos.

Na época em que foi constituída a CRPQF o comércio de medicamentos encontrava-se com significativa dependência do mercado estrangeiro, a importação e o armazenamento destes produtos estavam na maioria dos casos congregadas na mesma empresa. A CRPQF foi criada com o objetivo de centralizar num organismo as atividades de coordenação, fiscalização e orientação de todas as áreas relacionadas com os produtos químicos e farmacêuticos com vista ao abastecimento regular do país, desenvolvimento da indústria nacional e normalização dos preços dos produtos, com foco especial na vertente económica. A recolha de dados estatísticos para apreender os problemas associados ao setor, a elaboração de diretivas regulamentares e a adoção de medidas com vista à resolução dos problemas existentes também constituíram funções da CRPQF.

sobre esta questão[329], tendo-lhe sido comunicado em 22 de Junho que era conveniente continuar a importação do medicamento através da CVA até estar assegurado o aprovisionamento adequado de penicilina em Portugal[330]. Dando seguimento a esta diretiva a instituição humanitária portuguesa informou a CVA que pretendia receber os contingentes em falta, no entanto, em 23 de Junho, esta organização comunicou-lhe que o contingente referente ao mês de Junho havia sido suspenso por ordem do Foreign Economical Administration[331]. A 27 de Junho a CVP informou a CRPQF deste facto[332]. O último contingente de penicilina enviado pela CVA chegou a Lisboa a 23 de Julho de 1945, sendo constituído por 1500 ampolas do medicamento[333]. Por indicação da entidade reguladora dos medicamentos este último contingente

---

A CRPQF era constituída por um presidente, um vice-presidente e sete vogais. A nomeação do presidente e vice-presidente era da responsabilidade do Ministério do Comércio e Indústria, não devendo os nomeados ter quaisquer ligações com as atividades comerciais e industriais abrangidas pela CRPQF. Os vogais deveriam ser representantes dos importadores e armazenistas de produtos químicos e farmacêuticos, dos industriais de especialidades farmacêuticas, dos industriais do adubo e restantes ramos da química indústria, da Direção Geral de Saúde, da Direção Geral da Indústria e do Ministério da Agricultura. Conforme referimos a comissão reguladora estava organizada em três secções: produtos medicinais e especialidades farmacêuticas; adubos, corretivos e produtos químicos utilizados na agricultura e drogas e outros produtos químicos não abrangidos pelas restantes secções, o presidente e vice-presidente da CRPQF tutelavam de igual modo os três sectores, estando os vogais distribuídos por cada uma das secções de acordo com as especificações destes e do organismo que representavam, os vogais representantes da Direção Geral da Indústria e dos importadores e armazenistas desempenhava funções nas três secções.

Todos os importadores e armazenistas de drogas, adubos e outros produtos químicos e farmacêuticos e todas as empresas singulares ou coletivas que exercessem em qualquer ramo das indústrias de produtos químicos e farmacêuticos que pretendessem exercer a sua atividade económica foram compelidos a inscreverem-se na CRPQF. Esta imposição legal possibilitou um conhecimento aprofundado do sector, permitiu averiguar se as empresas e indústrias eram detentoras dos requisitos obrigatórios para o exercício da sua atividade e também garantiu que estas ficassem sujeitas às determinações deliberadas pela CRPQF referentes à coordenação, disciplina e aperfeiçoamento económico da sua atividade assim como os regulamentos e instruções por ela impostas.

[329] Arquivo da Cruz Vermelha Portuguesa. Carta enviada à Comissão Reguladora dos Produtos Químicos e Farmacêuticos em 14 de Junho de 1945 - Número de ordem 2595. Em *Livro de correspondência expedida, Volume V*. Lisboa.

[330] Arquivo da Cruz Vermelha Portuguesa. Carta da Comissão Reguladora dos Produtos Químicos e Farmacêuticos de 22 de Junho de 1945 - Número de ordem de entrada 9614. Em *Livro de correspondência recebida*. Lisboa.

[331] Arquivo da Cruz Vermelha Portuguesa. Carta da Cruz Vermelha Americana em Washington de 23 de Junho de 1945 - Número de ordem de entrada 9666. Em *Livro de correspondência recebida*. Lisboa.

[332] Arquivo da Cruz Vermelha Portuguesa. Carta enviada à Comissão Reguladora dos Produtos Químicos e Farmacêuticos em 27 de Junho de 1945. Em *Livro de correspondência expedida, Volume V*. Lisboa.

[333] Arquivo da Cruz Vermelha Portuguesa. Carta enviada à Comissão Reguladora dos Produtos Químicos e Farmacêuticos em 23 de Julho de 1945 - Número de ordem 4033, *op.cit.*

foi posto "à venda ao público (...) ao preço do mercado"[334], tendo sido concedido um desconto de 20% "para doentes que não estejam em condições de a pagar pelo preço normal do mercado"[335].

Quando a penicilina começou a ser importada para Portugal em Setembro de 1944 cada ampola do medicamento custava 230$00, em Agosto de 1945, com o aumento da produção mundial e consequente diminuição dos encargos de produção, o preço baixou 185% para 80$00, tornando o "primeiro antibiótico"[336] mais acessível à população.

A Junta Consultiva da Cruz Vermelha para a Distribuição de Penicilina em Portugal funcionou entre 26 de Julho de 1944 e 12 de Junho de 1945[337], durante este período distribuiu 10 700 ampolas de penicilina de 100 000 unidades para o tratamento de 2500 casos clínicos, 30 a 50% destas foram cedidas gratuitamente aos pobres[338], as ampolas que não foram cedidas gratuitamente foram vendidas por 230$00. Apesar da Junta Consultiva ter terminado as suas funções em Junho de 1945, a CVP continuou a distribuir o medicamento até esgotar o seu *stock*. Encontrámos pedidos de fornecimento de penicilina à instituição em Outubro de 1945[339], altura em que o medicamento já se encontrava disponível no circuito comercial[340].

## 2.3. Comissões controladoras noutros países

Conforme referimos a distribuição de penicilina em Portugal, entre Setembro de 1944 e Junho de 1945, na população civil foi confiada à JCDPP. Enquanto comissão controladora, a Junta, supervisionou durante aquele período a alocação e a distribuição das escassas doses de penicilina existentes no nosso país.

---

[334] Arquivo da Cruz Vermelha Portuguesa. Carta enviada à Comissão Reguladora dos Produtos Químicos e Farmacêuticos em 7 de Agosto de 1945 - Número de ordem 4272. Em *Livro de correspondência expedida, Volume VII*. Lisboa.

[335] Arquivo da Cruz Vermelha Portuguesa. Carta enviada à Santa Casa da Misericórdia de Lamego em 30 de Agosto de 1945 - Número de ordem 4554. Em *Livro de correspondência expedida, Volume VIII*. Lisboa.

[336] Pereira, A. L., & Pita, J. R. (2005). Alexander Fleming (1881-1955) Da descoberta da penicilina (1928) ao Prémio Nobel (1945). *Revista da Faculdade de Letras, 6*, 129 – 151.

[337] Arquivo da Cruz Vermelha Portuguesa. Carta enviada à Junta Consultiva para a Distribuição da Penicilina em Portugal em 12 de Junho 1945. Em *Cruz Vermelha Portuguesa - Junta Consultiva de Distribuição de Penicilina em Portugal, Volume I, 1944 - 1945*. Lisboa.

[338] São Payo, M. De. (1946). Elementos estatísticos da acção da Cruz Vermelha Portuguesa durante a guerra de 1939-1945. *Boletim Oficial Cruz Vermelha Portuguesa, II*(41), 76–87.

[339] Arquivo da Cruz Vermelha Portuguesa. Carta do Delegado de Saúde da Anadia de 10 de Outubro de 1945 - Número de ordem de entrada 11139. Em *Livro de correspondência recebida*. Lisboa.

[340] Regulamento da venda da Penicilina (1945). *Eco Farmacêutico, 7*(58), 8.

Portugal não foi o único país onde a distribuição de penicilina na população civil foi controlada. Encontrámos evidência da existência de comissões com funções semelhantes nos EUA, em Espanha e em França.

## 2.3.1. A Civilian Penicillin Distribution Unit nos Estados Unidos da América

De acordo com a nossa investigação, os EUA foram o primeiro país a estabelecer uma comissão com o intuito de monitorizar o fornecimento de penicilina na população civil.

A Civilian Penicillin Distribution Unit foi constituída pela War Production Board (WPB)[341]. Encontrava-se sediada em Chicago e iniciou as suas funções a 1 de Maio de 1944. Esta comissão que funcionou até 15 de Março de 1945 foi estabelecida com o intuito de conceber e implementar estratégias que permitissem a distribuição uniforme na população civil das escassas quantidades de penicilina existentes.

A comissão definiu que a penicilina excedente das forças armadas seria armazenada numa unidade central, sendo posteriormente distribuída por 1000 unidades hospitalares previamente selecionadas[342]. A remessa mensal, do antibiótico, alocada a cada unidade hospitalar permitia o tratamento dos seus pacientes civis e a distribuição do medicamento para outras unidades de saúde da sua proximidade. A quantidade de penicilina designada a cada hospital era determinada pela localização do mesmo, pelo número de camas existentes, pelo número de admissões e pela capitação da população da localidade onde estava inserido[343].

O War Production Board informou todas as unidades hospitalares dos EUA sobre os procedimentos instituídos para a aquisição de penicilina, bem como a localização dos hospitais depositários. De forma a evitar o uso incorreto do antibiótico e promover a sua utilização com maior eficácia o WPB distribuiu nos hospitais e a clínicos privados exemplares do relatório[344] "The Use, Indications, Contraindications, and Mode of Administration of Penicillin"[345] elaborado por Chester Keefer.

Durante o seu período de funcionamento o Civilian Penicillin Distribution Unit controlou a distribuição de mais de 250 biliões de unidades de penicilina

---

[341] A War Production Board foi estabelecida, nos EUA, a 16 de Janeiro de 1942 por Ordem Executiva Presidencial nº 9024. O seu objetivo era supervisionar programas de abastecimento e produção de produtos durante a II Guerra Mundial.

[342] Penicillin: A Wartime Accomplishment. (1945). *Chemical & Engineering News*, *23*(24), 2310–2316.

[343] Ibid.

[344] Ibid.

[345] Penicilina Em Portugal, *op. cit.*

para 8000 unidades hospitalares localizadas nos EUA, Alaska, Puerto Rico, Hawaii e nas Virgin Islands[346].

## 2.3.2. A França e a Commission de la Pénicilline

O incremento na produção de penicilina nos EUA e o consequente aumento da quantidade de antibiótico disponível permitiu que aquela nação começasse a exportar o fármaco para países neutros. Para garantir a supervisão da distribuição de penicilina o US Foreign Economic Administration solicitou aos países requerentes a implementação de comissões controladoras. Entre Junho de 1944 e Agosto de 1945, os EUA exportaram mais de 750 biliões de unidades de penicilina[347].

Após a libertação da ocupação alemã em 1944 a França negociou com os EUA a importação de penicilina para uso civil. A primeira remessa mensal de 500 ampolas de penicilina chegou a França em Janeiro de 1945[348].

Para estabelecer os procedimentos necessários para assegurar a distribuição uniforme do antibiótico na população civil e garantir que as escassas quantidades de penicilina disponíveis tratassem o maior número de casos clínicos possível o Ministère de la Santé Public francês instituiu a Commission de la Pénicilline.

Este comité selecionou seis unidades hospitalares, três em Paris e três na província, para funcionarem como Centros de Terapia de Penicilina. Os doentes passíveis de receberem tratamento com o antibiótico deveriam ser transportados para estes centros. Os centros de terapia foram implementados para garantir que a penicilina fosse distribuída de igual modo em toda a população, independentemente da sua classe social ou condição económica

A Commission de la Pénicilline determinou quais as patologias suscetíveis de tratamento com o antibiótico, deliberou que nos casos de maior gravidade só deveria ser instituída a terapêutica com penicilina após a falha de outros fármacos e excluiu o tratamento de patologias que exigissem grandes quantidades do antibiótico. Só era permitida a utilização de penicilina nos trabalhos de investigação previamente autorizados.

De modo a assegurar o funcionamento dos procedimentos instituídos a penicilina importada foi armazenada num depósito central – Farmácia Central dos Hospitais Centrais de Assistência Pública de Paris - e posteriormente distribuída para os Centros de Terapia de Penicilina. Em Fevereiro de 1945 existiam em França seis centros de terapia, três em Paris e três na província. Em

---

[346] Penicillin: A Wartime Accomplishment, *op. cit.*

[347] Ibid.

[348] Ministère de la Santé Publique. (1947). *Thérapeutique par la Pénicilline* (Primiere). Paris: Masson et Cie, Éditeurs, XIV.

Fevereiro de 1946 já estavam implementados 600 centros de tratamento e em Abril de 1946 a penicilina já era distribuída em todos os hospitais franceses[349].

Em Abril de 1946 foi realizado, em Paris, o I Congresso Francês sobre a Penicilina. Neste congresso que contou com o apoio do Ministère de la Santé Public foram apresentados os trabalhos realizados nos Centros de Terapia da Penicilina. Dos relatórios sobre tratamentos efetuados com penicilina, dos trabalhos de investigação científica realizados e dos dados estatísticos apresentados resultou a publicação da obra *Therapeutique par la Penicilline*[350].

### 2.3.3. Espanha e o Comité Nacional de la Penicilina

Em Setembro de 1944 foi celebrado entre o governo de Espanha e o governo dos Estados Unidos da América um acordo para a importação de um contingente mensal de penicilina para Espanha. Para controlar a sua importação, distribuição e utilização o Consejo Nacional de Sanidad constituiu o Comité Nacional de la Penicilina. Esta comissão técnica era constituída por quatro elementos com formação académica distinta. Dela faziam parte um médico, Carlos Jimenez Diaz[351] (1898-1967), um bacteriologista, Gerardo Clavero del Campo (1895-1972), um farmacêutico, Nazario Diaz Lopez (1902-1988) e um dermatologista, Enrique Alvarez Sainz de Aja (1884-1964)[352].

Embora o acordo celebrado entre os citados governos contemplasse a importação de um contingente regular, as quantidades de penicilina disponibilizadas eram escassas. A necessidade de salvaguardar a utilização correta do antibiótico era incontestável. Neste sentido foi fundamental o Comité Nacional de la Penicilina determinar e divulgar quais as enfermidades indicadas para o tratamento com penicilina e quais os procedimentos que deveriam ser seguidos para a distribuição e aquisição do antibiótico. O preço de cada ampola de penicilina (75 pesetas) também foi estabelecido pela comissão controladora. A comissão também determinou que o antibiótico seria armazenado em farmácias previamente escolhidas que foram denominadas de farmácias depositárias[353].

Para facilitar o processo logístico foi criado o Servicio de Penicilina, localizado na Plaza de Espanha em Madrid e integrado na Inspeccion General de Farmácia. Em Portugal, conforme já tivemos oportunidade de esclarecer, a JCDPP

---

[349] Ibid.

[350] Ibid.

[351] Conforme já tivemos oportunidade de referir pressupomos, com base em documentos analisados existentes no Arquivo da Cruz Vermelha Portuguesa, que este clínico foi tratado com penicilina cedida pela Cruz Vermelha Portuguesa em 20 de Setembro de 1944.

[352] Cf. Rodriguez Nozal, R. (2015). El despacho de penicilina en la España: de las restricciones y el estraperlo. *Revista Panacea - Humanidades, Ciencia y Sanidad, 1*(Janeiro), 14–15.

[353] Ibid.

determinou que a penicilina só poderia ser requisitada por clínicos, sendo inclusivamente obrigatório a apresentação da carteira profissional para o fazer. Em Espanha não era compulsório o requerente ser médico. No entanto era indispensável que, no ato de requisição, se fizesse acompanhar do completo historial clínico do doente; de analises da urina, do sangue e quando necessário do LCR; do gráfico da curva de temperatura do doente e, se precisas, de radiografias[354]. O Servicio de Penicilina reunia os documentos de cada doente num processo individual. Estes processos eram posteriormente encaminhados para o Comité Nacional de la Penicilina. Após a análise criteriosa da situação clínica do doente o Comité deferia, ou não, o pedido. Quando o processo era deferido era emitido um vale para o requerente puder levantar a penicilina na farmácia depositária[355].

De modo a controlar a cedência de penicilina nas farmácias depositárias estas eram obrigadas a manter uma contabilidade pormenorizada da penicilina entregue, a elaborar uma lista detalhada dos doentes para os quais era cedida penicilina e a remeter estes dados para o Serviço de Penicilina. Após algum tempo as autoridades sanitárias centralizaram o armazenamento da penicilina num depósito único localizado no Colégio Provincial de Farmacêuticos em Madrid. Em finais de 1946 foi decretado por ordem governamental que a penicilina passaria a ser vendida nas farmácias espanholas[356].

---

[354] González Bueno, A., Rodriguez Nozal, R., e Teijón, C. J. P. (2012). La penicilina en Espanã: difusión, propriedad industrial y negocio, en clave autárquica (1944-1959). *Estudos do Século xx*, (12), 271–287.

[355] Ibid.

[356] Ibid. Sobre a regulação da penicilina em Espanha veja-se: González Bueno, A., e Rodriguez Nozal, R. (2002). La penicilina en la España franquista: importación, intervención e industrializaciónitle. *Revista EIDON*, (38); Jesús Santesmases, M. (2010). Distributing Penicillin: the clinic, the hero and industrial production in Spain. Em V. Quirke e J. Slinn (Eds.), *Perspectives on Twentieth-Century Pharmaceuticals* (pp. 91–118). Oxford: Peter Lang; Jesús Santesmases, M. (2011). Screening antibiotics: industrial research by CEPA and Merck in the 1950s. *Dynamis*, *31*(2), 407–27.

# 3. As primeiras aplicações clínicas em Portugal

As informações contidas neste capítulo resultaram de uma investigação realizada no Arquivo da CVP, em Lisboa, e no Arquivo da Universidade de Coimbra. De forma a sistematizar os dados recolhidos iremos considerar três períodos para as primeiras aplicações clínicas. Deste modo iremos abordar as primeiras aplicações clínicas que resultaram da chegada de penicilina do Brasil, as que advieram da importação da penicilina dos EUA e as que ocorreram nos Hospitais da Universidade de Coimbra.

## 3.1. O papel da Cruz Vermelha Portuguesa nas aplicações clínicas de penicilina

De acordo com documentos analisados no arquivo da CVP foram recebidas no dia 24 de Maio de 1944, por esta instituição, 12 ampolas de penicilina oferecidas pelo Brasil. Destas, onze foram entregues ao Dr. Armando Luzes[357]. Não conseguimos apurar se a ampola em falta foi entregue ao Dr. França e Sousa para a doente Maria do Carmo Catalão ou se esta terá sido danificada no transporte. Esta última hipótese não nos parece muito viável tendo em consideração todos os cuidados envolvidos com o transporte e distribuição da penicilina. Resta-nos suspeitar que Maria do Carmo Catalão tivesse falecido antes de terminar o tratamento à semelhança do que aconteceu com Maria do Carmo Domingues Melo Trigueiros. Também existe a possibilidade de haver um erro de digitação no documento que refere que foram entregues onze e não doze ampolas de penicilina ao Dr. Armando Luzes. A Ata da sessão ordinária da Comissão Central de 12 de Junho de 1944[358] confirma a chegada a 24 de Maio de 1944 de 12 ampolas de penicilina vindas do Brasil, por intermédio da Cruz Vermelha Brasileira, e a sua entrega ao Dr. Armando Luzes para o tratamento do primeiro doente para quem foi pedido o medicamento.

---

[357] Arquivo da Cruz Vermelha Portuguesa. Carta enviada à Cruz Vermelha Brasileira em 16 de Junho 1944, número de ordem 2984. Em *Livro de correspondência expedida, Volume VI*. Lisboa.

[358] Arquivo da Cruz Vermelha Portuguesa. Ata da Sessão Ordinária da Comissão Central da Cruz Vermelha Portuguesa em 12 de Junho de 1944, *op.cit.*

A chegada da penicilina a Portugal envolveu o preenchimento e a assinatura de uma série de documentos, o que vem confirmar o rigor e o controlo existente em torno deste medicamento. Foram elaborados pela CVP três autos de entrega. Um destinado a confirmar a chegada da penicilina a Cabo Ruivo, emitido em quadruplicado (o original para a Embaixada do Brasil, o duplicado para a Cruz Vermelha Brasileira no Rio de Janeiro, o triplicado para a CVP e o quadruplicado para a *Pan American Airways*), outro, em triplicado, confirmando a entrega da penicilina à CVP (original para a Embaixada do Brasil, duplicado para a CVP e o triplicado para a Cruz Vermelha Brasileira no Rio de Janeiro) e o terceiro auto de entrega elaborado destinava-se a comprovar a receção da penicilina pelo clínico Armando Luzes (original para a CVP, duplicado para o Dr. Armando Luzes e o triplicado para a Cruz Vermelha Brasileira no Rio de Janeiro)[359]. Todos estes documentos deveriam ser assinados pelos respetivos intervenientes mediante a presença de três testemunhas[360].

A confirmação do sucesso do primeiro tratamento com penicilina em Portugal surgiu a 18 de Junho de 1944 quando o Dr. Armando Luzes escreveu ao Secretário-geral da CVP informando-o sobre os "belos resultados obtidos com a penicilina no meu doente António Mousinho Almadanim que já se encontra na sua casa de Montemor-o-Novo em convalescença"[361]. Não encontrámos qualquer registo de como foi administrado o medicamento, da posologia utilizada ou do tempo de tratamento. Tanto quanto sabemos o Dr. Armando Luzes não tinha qualquer experiência na reconstituição da penicilina nem na sua administração mas utilizou toda a informação de que dispunha para aplicá-la da melhor forma e curar o seu doente. A 24 de Junho de 1944 a CVP acusou a receção da carta do Dr. Armando Luzes[362] e informou a Cruz Vermelha Brasileira[363] do êxito obtido por este médico no tratamento do seu doente com as doses de penicilina oferecidas pelo Brasil. António Augusto de Mello Mouzinho Almadanim também demonstrou a sua gratidão à CVP pela obtenção de penicilina para o seu tratamento, em 12 de Junho de 1944 enviou à instituição os seus agradecimentos e um donativo de 2 000$00 (dois mil escudos)[364].

---

[359] Arquivo da Cruz Vermelha Portuguesa. Carta enviada à Cruz Vermelha Brasileira em 29 de Maio 1944 - Número de ordem 2665. Em *Livro de correspondência expedida, Volume VI*. Lisboa.

[360] Arquivo da Cruz Vermelha Portuguesa. Carta enviada ao Dr. Armando Luzes em 29 de Maio 1944. Em *Livro de correspondência expedida, Volume VI*. Lisboa.

[361] Arquivo da Cruz Vermelha Portuguesa. Carta do Dr. Armando Luzes de 18 de Junho de 1944 - Número de ordem de entrada 2532. Em *Livro de correspondência recebida*. Lisboa.

[362] Arquivo da Cruz Vermelha Portuguesa. Carta enviada ao Dr. Armando Luzes em 24 de Junho de 1944 - Número de ordem 3168. Em *Livro de correspondência expedida, Volume VII*. Lisboa.

[363] Arquivo da Cruz Vermelha Portuguesa. Carta enviada ao Delegado da Cruz Vermelha Brasileira em 24 de Junho de 1944 - Número de ordem 3153. Em *Livro de correspondência recebida*. Lisboa.

[364] Arquivo da Cruz Vermelha Portuguesa. Carta de António A. De Mello Mouzinho Almadanim em 12 de Junho de 1944 - Número de ordem de entrada 2615. Em *Livro de correspondência recebida*. Lisboa.

Antes do final do Verão de 1944 a CVP pediu novamente auxílio à Cruz Vermelha Brasileira na obtenção de penicilina, o medicamento destinava-se ao Sr. Joaquim Abreu, doente do Dr. João Manuel Bastos. Este doente encontrava--se internado no Hospital do Desterro, sendo o seu médico o diretor do serviço de urologia. João Manuel Bastos viria mais tarde a pedir a colaboração da Embaixada dos EUA na obtenção de penicilina para a realização de trabalhos originais juntamente com o Eduardo Botelho de Gusmão. Estes trabalhos inovadores viriam a ser apresentados no 1º Congresso Português de Urologia[365]. O Brasil colaborou novamente com Portugal na obtenção de penicilina e a 14 de Julho de 1944 foram entregues cinco ampolas do medicamento a um familiar do doente Joaquim Abreu. A CVP pediu ao clínico que acusasse a receção do medicamento e a informasse sobre os resultados obtidos com o tratamento[366]. Numa época em que muito pouco era conhecido sobre o modo de administração, dosagem e posologia mais adequados do medicamento este pedido sobre o resultado do tratamento por parte da CVP é de extrema importância, pois permitiu a recolha de informação clínica para auxiliar outros clínicos.

Paralelamente a estas importações de penicilina do Brasil destinadas ao uso clínico encontrámos o registo de uma outra importação do medicamento vinda de Inglaterra. A penicilina teria sido oferecida ao Dr. Augusto Lamas para, em colaboração com o Prof. Doutor João Maia de Loureiro, realizar ensaios sobre um método original de administração da penicilina por via intra-arterial[367]. Na sequência deste trabalho o autor viria a publicar os seus resultados em Março de 1945 na revista *Amatus Lusitanus*[368]. Estes estudos incidiram sobre dois casos de osteomielite dos membros inferiores e dois casos de fleimão dos membros superiores. O método apresentado foi inovador e permitiu a aplicação do medicamento diretamente no local da infeção levando a uma "economia de tempo e de medicamento"[369]. A utilização desta via de administração, referida também por Guilherme Lopes[370], de Braga, foi considerada como uma via de administração com bastante potencial terapêutico[371].

[365] Bastos, J. M., & Gusmão, E. B. de. (1945). Penicilina e gonorreia. *Imprensa Médica*, *XI*(15), 235–237.

[366] Arquivo da Cruz Vermelha Portuguesa. Carta enviada a João Manuel Bastos em 20 de Julho 1944 número de ordem 3685. Em *Livro de correspondência expedida, Volume VIII*. Lisboa.

[367] Veio de Inglaterra a primeira dose de penicilina chegada a Portugal. (1944, Julho 15). *Diário de Lisboa*, p. 4. Lisboa.

[368] Lamas, A. (1945a). Penicilina intra-arterial. *Amatus Lusitanus*, *VI*(3), 165–171.

[369] Lamas, A. (1945b). Penicilina intra-arterial. *Portugal Médico*, *29*(8-9), 345–346.

[370] Lopes, G. (1944). A penicilina por via carotidiana. *A Medicina Contemporânea*, *LXII*(19/20), 224–225.

[371] Garrett, J. (1945). Utilização clínica da penicilina. *Portugal Médico*, *29*(7), 304–311.

A quantidade de penicilina oferecida pelo Brasil não foi suficiente para satisfazer os vários pedidos do medicamento que surgiam diariamente na CVP. Com o intuito de modificar esta situação a CVP interveio junto do governo americano por intermédio da delegação da Cruz Vermelha Americana (CVA) em Lisboa. A finalidade era a obtenção de um fornecimento periódico e regular de penicilina para uso civil[372]. As negociações com o governo dos EUA foram bem sucedidas e a 9 de Setembro de 1944 foi concedida a autorização de importação pela Direção Geral de Saúde das primeiras 700 ampolas de penicilina vindas daquele país[373]. Deste primeiro contingente de penicilina vindo dos Estados Unidos da América foram cedidas a 13 de Setembro de 1944 duas ampolas de 100 000 unidades de penicilina ao Dr. Ernesto Castro e Silva[374]. As ampolas foram entregues ao clínico pela Mademoiselle Hubert e destinavam-se a ser aplicadas na doente Mademoiselle Claire Hendriche. A 20 de Setembro de 1944, Ernesto Castro e Silva informou a CVP sobre o tratamento[375]. Indicou a data do início do tratamento, 16 de Setembro de 1944, informou sobre a dose aplicada, "50 000 unidades diárias". No entanto, não esclareceu sobre o modo de administração. Depreendemos que pela utilização do termo "aplica-la" por parte do clínico que foi empregue a via parentérica[376].

## 3.2. Aplicações clínicas de penicilina nos Hospitais da Universidade de Coimbra (1944-1946)

A investigação conduzida no Arquivo da Universidade de Coimbra[377] permitiu-nos recolher informações sobre a introdução da penicilina nos Hospitais da

---

[372] Arquivo da Cruz Vermelha Portuguesa. Ata da Sessão Ordinária da Comissão Central da Cruz Vermelha Portuguesa em 24 de Julho de 1944, *op.cit.*

[373] Arquivo da Cruz Vermelha Portuguesa. Carta do Ministério do Interior - Direção Geral de Saúde Pública em 09 de Setembro de 1944 - Número de ordem de entrada 3788. Em *Livro de correspondência recebida*. Lisboa.

[374] Arquivo da Cruz Vermelha Portuguesa. Carta do Dr. Ernesto Castro e Silva de 13 de Setembro de 1944, *op.cit.*

[375] Arquivo da Cruz Vermelha Portuguesa. Carta do Dr. Ernesto Castro e Silva em 20 de Setembro de 1944, *op.cit.*

[376] Ibid.

[377] No Arquivo da Universidade de Coimbra (que é um arquivo histórico) encontra-se o espólio dos hospitais da cidade de Coimbra desde o século XVII. Neste arquivo encontramos documentação variada sobre o Hospital da Universidade de Coimbra e entre esta documentação os processos clínicos dos doentes (designados por papeletas). Nestes processos temos informação variada sobre o doente, o diagnóstico e a terapêutica que foi estabelecida. Também há a assinatura do médico. Contudo, nem sempre todos os processos estão preenchidos na sua totalidade. Por vezes há alguns que estão incompletos. A investigação em processos clínicos permite avaliar, entre outros elementos, o que era receitado na prática aos doentes internados. Trata-se de um valioso

Universidade de Coimbra[378] (HUC) e sobre os primeiros tratamentos efetuados com o medicamento nestes hospitais.

No Arquivo da Universidade de Coimbra consultamos papeletas de doentes internados nos Hospitais da Universidade desde Setembro de 1944 a Agosto de 1946. Foi escolhida esta cronologia por compreender o período de aproximadamente doze meses (entre Setembro de 1944 e Junho de 1945) em que a distribuição da penicilina se encontrava sobre o controlo da Cruz Vermelha Portuguesa e um período idêntico em que a importação do medicamento era efetuada através da indústria farmacêutica nacional. Nesta investigação propusemo-nos conhecer a receção da penicilina num hospital central, saber a frequência com que era prescrita, as patologias mais comuns em que era utilizada, as doses administradas, a posologia e o tempo de tratamento assim como os clínicos responsáveis pela sua prescrição.

As papeletas dos doentes internados nos Hospitais da Universidade de Coimbra encontram-se no Fundo Universitário, 3ª Secção, 4º Piso do Arquivo da Universidade de Coimbra, estando arquivadas em caixas organizadas por data de alta dos doentes. Dentro de cada caixa as papeletas dos doentes do sexo masculino encontram-se separadas das papeletas dos doentes do sexo feminino e em cada género as papeletas referentes a crianças encontram-se separadas das papeletas dos adultos. Para as doentes do sexo feminino existem dois tipos de papeletas, aquelas que se destinam aos internamentos gerais (iguais às dos homens) e aquelas que julgamos ser referentes a internamentos na maternidade.

A nossa investigação iniciou-se na caixa número 254 (Setembro de 1944) e terminou na caixa número 277 (Agosto de 1946), tendo sido consultadas 20 896 (vinte mil oitocentas e noventa e seis) papeletas. Visto pretendermos apurar informações sobre a utilização de penicilina nos Hospitais da Universidade as papeletas consultadas foram subdivididas em duas categorias, a primeira onde se encontram os doentes tratados com penicilina ou com sulfamidas e uma segunda onde incluímos todos os outros. Nas papeletas dos doentes que não receberam tratamento com penicilina ou sulfamidas recolhemos informações respeitantes ao género, data de admissão, data de alta e resultado do internamento. Nos doentes em que aqueles fármacos foram administrados recolhemos além destas informações dados sobre a localidade de residência, idade, profissão, diagnóstico

---

espólio documental muito importante para a história da farmácia mas também, entre outras áreas da medicina, muito importante para a história da terapêutica (neste caso medicamentosa).

[378] Hospitais da Universidade de Coimbra era a designação dada a uma unidade hospitalar que se encontrava dividida por alguns edifícios na cidade de Coimbra. Na verdade, pode dizer-se que a designação de Hospitais da Universidade de Coimbra era dada ao hospital da Universidade de Coimbra, hospital aberto à população e que servia como hospital escolar. A sua origem remonta ao século XVIII quando com a reforma da Universidade de 1772 se entendeu que a Universidade de Coimbra deveria ter um hospital escolar. Foram reunidos num só hospital e em edifício próprio os três antigos hospitais da cidade: o Hospital da Convalescença, o Hospital da Conceição e o Hospital de S. Lázaro. Sobre este assunto veja-se Pita, J. R. (1996). *Farmácia, medicina e saúde pública em Portugal (1772-1836)*. Coimbra: Minerva, pp. 270-284.

da doença, dose e posologia administrada, tratamento cirúrgico efetuado, clínico prescritor e o resultado do internamento. Das 20 896 papeletas consultadas 18 227 eram referentes a doentes a quem não fora administrada penicilina e/ ou sulfamidas, 2669 concernentes a doentes tratados com estes medicamentos e destes 670 referiam-se a doentes aos quais foi prescrita penicilina.

Fizemos também um cruzamento dos dados recolhidos no Arquivo da CVP com os dados das papeletas existentes no Arquivo da Universidade de Coimbra. Apurámos que nos Hospitais da Universidade de Coimbra foi administrada penicilina a 40 doentes até Julho de 1945 e que a CVP enviou para estes hospitais penicilina para o tratamento de 43 doentes, 41 das requisições existentes no Arquivo da CVP mencionam o doente para o qual o medicamento foi enviado e os restantes 2 referem somente que a penicilina foi enviada para os Hospitais da Universidade de Coimbra ou para o seu Diretor, o Dr. João Porto. Supomos que a penicilina referente a uma destas requisições foi destinada a um doente internado na Clínica Psiquiátrica da Faculdade de Medicina de Coimbra. O doente foi tratado pelo Dr. Rui Clímaco em Dezembro de 1944 e o resultado das suas observações foi publicado, em 1946, na revista *A Medicina Contemporânea* no artigo "Revisão clínica das psicoses infeciosas e pós infeciosas"[379]. Dos 40 doentes tratados com penicilina nos Hospitais da Universidade de Coimbra, até Julho de 1945, encontrámos em 29 uma correspondência exata nas requisições existentes no Arquivo da Cruz Vermelha Portuguesa.

As papeletas dos Hospitais da Universidade de Coimbra são boletins com formato A3 dobrados em três partes e com informação em ambos os lados. Contêm uma secção administrativa, "A – Parte Administrativa" e uma secção clínica, "B – Parte Clínica". Na frente da papeleta encontra-se a "A - Parte Administrativa", subdividida em três secções, "I – Registo da Entrada", "II – Registo da Saída" e no verso "III – Registo de objetos trazidos pelo doente". A "B - Parte Clínica" também engloba três secções, "I – Registo Clínico da Saída", "II – Registo Clínico da Estada" e "III – Registo Clínico da Admissão". Entre a secção administrativa e a clínica existe local destinado a registar as transferências de enfermaria e de hospital efetuadas pelo doente. O campo "I – Registo da Entrada" destina-se a recolher os dados do doente (nome, filiação, idade, estado civil, profissão, naturalidade e residência), a registar a data de admissão e o número do livro e do boletim em que foram registados. Também existe um campo para registo de "Observações", no final desta secção deveria ser preenchida a data, os dados recolhidos deveriam ser rubricados por "O Chefe dos Serviços de Expediente". O "II – Registo da Saída" refere a data da alta ou do falecimento do doente, devendo ser rubricada por "O Chefe". No setor "III – Registo de Objetos Trazidos pelo Doente" existe, além do campo destinado a registar aqueles objetos, um outro para recolha de "Informações

---

379 Clímaco, R. (1946). Revisão clínica das psicoses infecciosas e pós infecciosas. *A Medicina Contemporânea*, 64(6), 215–253.

para o Instituto Nacional de Estatística", em que são pedidas, entre outras, informações sobre o estado civil do doente, duração do matrimónio e número total de filhos. Na primeira secção da "B - Parte Clínica", "I – Registo Clínico da Saída", deveriam ser recolhidos dados referentes ao "Diagnóstico", mencionando a "Doença principal", "Doenças coexistentes" e "Doenças intercorrentes", dados sobre o "Tratamento", referenciando o "Tratamento médico", o "Tratamento cirúrgico" e o "Tratamento operatório" e dados sobre o "Resultado", esta secção deveria ser rubricada por "O Director do Serviço Clínico". Na secção "II – Registo Clínico de Estada" consta um local para registo da "Enfermaria" e "Nº de Cama" do doente, para o registo do "Diagnóstico provisório ou síndroma principal" e de "Factores importantes da história pregressa" assim como o "Diário" de internamento onde deveriam ser registadas as "Prescrições", as "Dietas" e as "Datas" em que foram instituídas. Ainda nesta secção surge um espaço reservado ao registo de "Notas para a Contabilidade" onde deveriam ser registados os depósitos efetuados pelo doente a as respetivas datas, os "Nºs das requisições feitas à Farmácia", os "Nºs das requisições feitas à Dispensa", as "Radiografias e Radioscopias" e "Observações", esta secção deveria ser rubricada por "O Enfermeiro Chefe". Na secção "III – Registo Clínico da Admissão" o clínico deveria mencionar a secção e a enfermaria para onde doente seria admitido, se a admissão era "Urgente", se estava aconselhado o "Banho Geral", a "Data de admissão", qual o "Tratamento Clínico" prescrito e no campo "Observações" habitualmente era efetuado o registo do diagnóstico efetuado. No final da página deveria ser registada a data e as informações cedidas rubricadas por "O Facultativo", isto é, o médico.

Nas papeletas consultadas encontrámos diferentes modelos das mesmas, embora sem diferenças significativas os distintos modelos apresentam algumas divergências. A papeleta anteriormente descrita é uma papeleta de Modelo 226, impressa pela Gráfica de Coimbra. Outros modelos encontrados foram o Modelo 36 e o Modelo 158 e para as admissões à maternidade o Modelo 136. O Modelo 36 difere em relação ao descrito no responsável por rubricar o "I – Registo de Entrada" (da Parte Administrativa) que neste caso é da responsabilidade de "O Chefe da Secção do Registo dos Doentes" e na secção "II – Registo clínico de estada" (da Parte Clínica) em que o espaço reservado às "Notas para a Contabilidade" foi substituído por uma página para a continuação do registo de dados do "Diário". Encontrámos papeletas do Modelo 36 impressas pela Gráfica de Coimbra, pela Tipografia E. Profissional Semide e pela Casa Minerva. As papeletas do Modelo 158 são idênticas à do Modelo 36, diferindo apenas no facto de não constar um local para "Registo de objectos trazidos pelo doente". Encontrámos papeletas deste modelo impressas na Casa Minerva e na Tipografia E. Profissional Semide.

As papeletas de doentes admitidas na maternidade são as que maiores diferenças apresentam relativamente aos modelos anteriormente descritos. Neste caso as papeletas têm 30,5cm de largura por 25,5cm de altura, encontrando-se dobradas ao meio devendo ser preenchidas de ambos os lados. Nestas papeletas consta um local reservado à recolha de informações referentes "A – Parte Administrativa" e uma secção para o registo de dados clínicos, secção "B – Parte Clínica". A Parte Administrativa tem uma secção reservada ao "I – Registo de Entrada", para recolha dos dados descritos para o Modelo 226, estando ausente a secção para registo das "Notas para a contabilidade". Na secção "B – Parte Clínica", "I – Registo Clínico de Saída" deveriam ser registados a data de alta ou de morte, a data da autopsia e a respetiva causa de morte e as observações do clínico. Também consta um local para registo da intervenção obstétrica realizada e dos filhos nascidos. Os dados inscritos nesta secção deveriam ser confirmados pelo Diretor do Serviço Clínico. Caso a criança fosse registada no Registo Civil esses dados deveriam ser preenchidos na papeleta pela Enfermeira Chefe. No "Diário" deveriam ser registadas as prescrições, as dietas e a data da sua instituição. As papeletas encontradas para doentes admitidas na maternidade são do Modelo 136 e foram impressas na Tipografia Comercial.

As papeletas constituem uma importante fonte de informação sobre os doentes internados nos Hospitais da Universidade de Coimbra, no entanto, o seu preenchimento nem sempre foi completo o que dificultou a nossa recolha de dados. A constatação deste facto vai ao encontro das declarações proferidas pelo médico e político Prof. Doutor Cid dos Santos na Assembleia Nacional onde refere que "entre nós não existe qualquer tradição de arquivos clínicos (...) nada obriga a registar as histórias dos doentes e a sua evolução"[380]. Na maioria das papeletas consultadas a "Parte Clínica" não contem informações sobre a posologia e tempo de tratamento e o nome do clínico prescritor nem sempre é percetível. Com base nos elementos disponíveis fizemos um tratamento de dados o mais completo possível.

O primeiro doente, que encontrámos, a quem foi administrada penicilina nos Hospitais da Universidade de Coimbra foi uma mulher de 25 anos, solteira, doméstica, residente em Porto de Mós, no distrito de Leiria, admitida em 4 de Novembro de 1944[381]. O registo clínico da admissão refere que a doente foi admitida com caracter urgente para a secção de cirurgia. Foi observada pelo Dr. Trajano Pinheiro que lhe diagnosticou uma "artrite aguda do joelho esquerdo" tendo-lhe prescrito, para administração na enfermaria, sulfamidas, 1 comprimido de 4 em 4 horas, cataplasmas, 5 centímetros cúbicos de óleo canforado e colargol. Na secção da papeleta "I – Registo Clínico da Saída" surge como doença principal diagnosticada uma "septicémia" e como tratamento prescrito "penicilina", "transfusão de sangue" e "sulfamidas". Na secção "II – Registo Clínico de Estada" verificamos que foi efetuada uma transfusão de sangue no dia 16 de Novembro de 1944, foram administradas 3 ampolas de cibazol, 3 ampolas de coramina e 20

---

[380] Santos, J. C. dos. (1954). O aviso prévio do Prof. Cid dos Santos. *O Médico*, 5(129), 112–118.

[381] Arquivo da Universidade de Coimbra. Papeleta dos Hospitais da Universidade de Coimbra número 4537. Em Caixa 256, Fundo Universitário, 3ª Secção, 4º Piso. Coimbra.

comprimidos de cibazol, não está registada a data nem o modo de administração. Relativamente à penicilina não consta qualquer informação. A doente viria a falecer no dia 29 de Novembro de 1944 após 25 dias de internamento. A Tabela 3 representa a distribuição dos doentes de acordo com o género. Constamos que do total de 20 896 doentes admitidos, 51% eram mulheres e 49% homens. Relativamente aos doentes aos quais foi administrada penicilina verificamos que o medicamento foi mais prescrito em doentes do sexo masculino, 57%, que em doentes do sexo feminino, 43%. As maiores discrepâncias encontradas foram no tratamento de "úlceras" em que registámos 26 casos de utilização de penicilina em doentes do sexo masculino e dois no tratamento de doentes do sexo feminino; no tratamento de "fraturas", 22 doentes do sexo masculino e 3 do sexo feminino; no tratamento de "patologias respiratórias", 68 doentes do sexo masculino e 38 doentes do sexo feminino. Nos casos diagnosticados com "septicémia" registámos um maior equilíbrio entre os doentes do sexo masculino tratados com o antibiótico (20 casos) e os doentes do sexo feminino (14 casos); o mesmo se verificou nos casos diagnosticados com "osteomielite" em que registámos 30 doentes do sexo masculino tratados com penicilina e 23 doentes do sexo feminino e nos casos diagnosticados com "fleimão", 22 doentes do sexo masculino e 16 doentes do sexo feminino. Nas patologias "ginecológicas" foram somente tratadas doentes do sexo feminino. Na Tabela 9 encontram-se discriminadas as principais patologias em que a penicilina foi empregue.

| Sexo | Nº Total Doentes Admitidos | % | Nº Doentes Tratados com Penicilina | % |
|------|---------|---|----------|---|
| Mulheres | 10707 | 51% | 288 | 43% |
| Homens | 10189 | 49% | 382 | 57% |
| Total | 20896 | 100% | 670 | 100 % |

Tabela 3 Distribuição dos doentes em função do género (tabela construída pela autora a partir de papeletas existentes no Arquivo da Universidade de Coimbra)

A Tabela 4 é referente à distribuição dos doentes em função da data em que lhes foi dada alta. Podemos observar que entre Setembro de 1944 e Agosto de 1946 o número mensal de altas de internamento foi relativamente constante. No entanto, quando analisamos a coluna referente aos doentes aos quais foi administrada penicilina verificamos que até Julho de 1945 o número mensal de altas de internamento foi muito baixa, facto congruente com a dificuldade existente na obtenção de penicilina e no seu elevado custo. A partir de Agosto de 1945 o número mensal de altas de internamento de doentes aos quais foi administrado o antibiótico aumentou progressivamente até atingir, e em alguns meses, ultrapassar metade do número mensal de altas de internamento de doentes aos quais foi prescrita outra medicação (sulfamidas) para o tratamento de patologias infeciosas. Este facto também é concordante com a existência de maiores quantidades de penicilina disponíveis e com a diminuição do seu custo. Através dos dados expostos nesta tabela constatamos que os Hospitais da Universidade de Coimbra começaram a utilizar penicilina nos seus serviços a partir de Novembro de 1944 e que, apesar das dificuldades existentes na obtenção e distribuição, o antibiótico foi bem aceite e rapidamente integrado na medicação habitualmente prescrita para o tratamento de patologias infeciosas nestes hospitais. Quando o medicamento deixou de estar sobre o controlo da Cruz Vermelha Portuguesa e passou a estar disponível nos canais habituais de distribuição de medicamentos[382], importação através da indústria farmacêutica e venda em farmácias, verificámos através de dados consultados nas papeletas dos Hospitais da Universidade de Coimbra que houve um incremento significativo da prescrição do antibiótico naqueles serviços hospitalares.

---

[382] Regulamento da venda da Penicilina, *op.cit.*

| Mês | Ano | Total Doentes | Sul/Pen | Penicilina | % Total Altas | % Tratamentos Sul/Pen |
|---|---|---|---|---|---|---|
| Setembro | 1944 | 790 | 63 | 0 | 0,0% | 0,0% |
| Outubro | 1944 | 911 | 68 | 0 | 0,0% | 0,0% |
| Novembro | 1944 | 854 | 66 | 1 | 0,12% | 1,52% |
| Dezembro | 1944 | 804 | 102 | 1 | 0,12% | 0,98% |
| Janeiro | 1945 | 799 | 124 | 7 | 0,88% | 5,65% |
| Fevereiro | 1945 | 787 | 141 | 2 | 0,25% | 1,42% |
| Março | 1945 | 883 | 112 | 2 | 0,23% | 1,79% |
| Abril | 1945 | 780 | 137 | 0 | 0,0% | 0,00% |
| Maio | 1945 | 917 | 178 | 4 | 0,44% | 2,25% |
| Junho | 1945 | 868 | 135 | 11 | 1,27% | 8,15% |
| Julho | 1945 | 941 | 148 | 12 | 1,28% | 8,11% |
| Agosto | 1945 | 866 | 109 | 19 | 2,19% | 17,43% |
| Setembro | 1945 | 822 | 93 | 19 | 2,31% | 20,43% |
| Outubro | 1945 | 1005 | 122 | 48 | 4,78% | 39,34% |
| Novembro | 1945 | 911 | 132 | 55 | 6,04% | 41,67% |
| Dezembro | 1945 | 904 | 117 | 51 | 5,64% | 43,59% |
| Janeiro | 1946 | 785 | 95 | 37 | 4,71% | 38,95% |
| Fevereiro | 1946 | 829 | 117 | 51 | 6,15% | 43,59% |
| Março | 1946 | 889 | 113 | 69 | 7,76% | 61,06% |
| Abril | 1946 | 912 | 110 | 49 | 5,37% | 44,55% |
| Maio | 1946 | 842 | 83 | 54 | 6,41% | 65.06% |
| Junho | 1946 | 952 | 105 | 51 | 5,36% | 48,57% |
| Julho | 1946 | 938 | 103 | 58 | 6,18% | 56,31% |
| Agosto | 1946 | 907 | 96 | 69 | 7,61% | 71,88% |
| Total | | 20896 | 2669 | 670 | | |
| % Em relação ao total de altas | | | 12,77% | 3,21% | | |
| % Em relação aos Tratamentos com sul/pen | | | | 25,10% | | |

Tabela 4 Distribuição dos doentes de acordo com a data de alta (nº total de doentes, nº de doentes tratados com penicilina e/ou sulfamidas e nº de doentes tratados com penicilina) (tabela construída pela autora a partir de papeletas existentes no Arquivo da Universidade de Coimbra)

Por observação da Tabela 5 verificamos que a penicilina foi prescrita por clínicos de diversas especialidades médicas. Na especialidade de ginecologia e obstetrícia surgem Ibérico Nogueira, Luís Raposo e Bissaya Barreto, em oftalmologia Cunha Vaz, urologia Morais Zamith, cirurgia Nunes da Costa. Como já havíamos referido o preenchimento das papeletas nem sempre era completo o que impossibilitou a recolha de mais informação sobre os clínicos que prescreveram penicilina durante o período que nos propusemos estudar. Por análise da tabela podemos observar que surgem, como prescritores de penicilina, alguns nomes sonantes da medicina portuguesa como Bissaya Barreto, Morais Zamith e João Porto, três nomes recorrentes na nossa investigação no Arquivo dos Hospitais da Universidade.

Fernando Baeta Bissaya Barreto Rosa (1886-1974), mais conhecido por Bissaya Barreto, formou-se em medicina na Universidade de Coimbra em 1911, ano em que ingressou no corpo docente. Apresentou a sua tese de doutoramento em 1915 com o título *O Sol em cirurgia*. Toda a sua vida se repartiu entre uma significativa atividade política[383], o ensino universitário[384], o exercício da medicina, nomeadamente da cirurgia, e uma forte atividade de filantropismo[385]. As suas marcas em obras hospitalares e assistenciais são profundas.

Outro dos nomes relacionados com a receção da penicilina em Portugal é Luís Augusto de Morais Zamith (1897-1983). Médico dos Hospitais da Universidade de Coimbra e Professor da Faculdade de Medicina onde se doutorou em 1920. Exerceu nos Hospitais e na Faculdade de Medicina diversos cargos, trabalhando

---

[383] Na sua atividade política assinale-se que pertenceu ao Partido Republicano e ao Partido Evolucionista ainda na Monarquia. Foi Deputado à Assembleia Constituinte em 1911 pela Figueira da Foz, tendo realizado um importante contributo para a consagração do direito à Assistência Social na Constituição da República Portuguesa de 1911. Membro da Maçonaria, pertenceu à Carbonária em Coimbra. Aderiu mais tarde ao Estado Novo tendo mantido relações da maior proximidade com Salazar. Foi Presidente da Câmara Municipal de Coimbra entre 1923 e 1926, membro da Comissão Central da União Nacional, Presidente da Junta Geral do Distrito de Coimbra e posteriormente da Junta Provincial da Beira Litoral da União Nacional. Integrou a comissão nomeada para estudar a reforma do ensino de Farmácia, em 1932. Veja-se sobre estes assuntos: Jorge Pais de Sousa. (1999). *Bissaya Barreto: Ordem e Progresso*. Coimbra, Minerva. Manuel Augusto Rodrigues. (1992). *Memoria Professorum Universitatis Conimbrigensis (1772-1937)*, Volume 2. Coimbra: Arquivo da Universidade; *Bissaya-Barreto, Um Homem de Causas*. (2008). Coimbra: Edição da Fundação Bissaya-Barreto. Vejam-se elementos biográficos diversos no seu processo de professor existente no Arquivo da Universidade de Coimbra: Barreto Rosa, Fernando Baeta Bissaia — DIV-S1ºD-E6-T1.

[384] Veja-se sobre a sua presença na Faculdade de Medicina, suas atribulações e marcas polémicas os mesmos estudos atrás referidos.

[385] Como médico foi cirurgião prestigiado, presidiu a diversas comissões e a sua atividade enquanto filantropo tem que ver com a dimensão médico-social tendo contribuído decididamente para a construção de várias instituições assistenciais. Ao longo de toda a sua vida teve um papel preponderante na dinamização de obras sociais em Coimbra e na região centro do país. Sobre estas temáticas, além das obras referidas anteriormente, veja-se Carolina Gregório Mendes Álvaro. (2001). *Ternura e sensibilidade : os primeiros anos do Ninho dos Pequenitos de Coimbra (1930-1939)*. Tese de Mestrado, Faculdade de Letras, Universidade de Coimbra.

sobretudo no campo da cirurgia e das especialidades cirúrgicas. Foi eleito Presidente da Sociedade Portuguesa de Urologia em 1950. Nesta área realizou significativos trabalhos de investigação, bem como no domínio das doenças venéreas. Em colaboração com Ângelo Rodrigues da Fonseca (1872-1942) publicou trabalhos sobre a utilização da anestesia epidural que foram contributo para o emprego deste tipo de anestesia nos Hospitais da Universidade de Coimbra[386].

João Maria Porto (1891-1968), mais conhecido apenas por João Porto, foi outro dos nomes muito próximo e profundamente ligados à receção da penicilina nos Hospitais da Universidade de Coimbra. Professor da Faculdade de Medicina, doutorado em 1920, tendo sido Director entre 1936-1941, e médico dos Hospitais da Universidade assumindo o cargo de Director entre 1942-1950. Foi Diretor de Clínica Pediátrica, exerceu diversos cargos na Faculdade e nos Hospitais. Com interesses clínicos e científicos variados, sublinhe-se a sua presença no ensino da Terapêutica Médica Clínica e posteriormente de Clinica Médica. Os seus interesses pela tuberculose e pela pediatria são também dignos de registo. Foi um dos introdutores da eletrocardiografia em Portugal. Também é de sublinhar o seu empenhamento em movimentos de dimensão social que relacionavam a medicina com a assistência aos mais desprotegidos e ficou bem clara a sua adesão a movimentos e instituições católicas. Foi deputado à Assembleia Nacional em 1956 e 1961[387].

---

[386] Sobre Morais Zamith veja-se, além do seu processo de Professor existente no Arquivo da Universidade de Coimbra (Zamith, Luís Augusto de Morais — DIV-S1ºD-E9-T3), Serviço de Anestesiologia dos Hospitais da Universidade de Coimbra. (2008). *A Anestesia nos séculos XIX e XX e os Hospitais da Universidade de Coimbra*, ed. Serviço de Anestesiologia dos Hospitais da Universidade de Coimbra, 1ª edição. Coimbra: Impressões e Soluções, 32-33; Manuel Augusto Rodrigues. (1992). *Memoria Professorum Universitatis Conimbrigensis (1772-1937)*, Volume 2. Coimbra: Arquivo da Universidade. Veja-se, ainda: Prof. Luís Zamith no dia do seu 70º aniversário. (1967). *Coimbra Médica*, Série 3, *14*(5), 391–397; Professor Luís Augusto de Morais Zamith. (1967). *O Médico*. Nova série *44*(829), 190–192.

[387] Dados biográficos de João Porto podem ser vistos em Manuel Augusto Rodrigues. (1992). *Memoria Professorum Universitatis Conimbrigensis (1772-1937)*, Volume 2. Coimbra: Arquivo da Universidade Veja-se o seu processo de Professor no Arquivo da Universidade de Coimbra: DIV-S1ºD-E7-T5. Veja-se, também: Bibliografia do Professor Doutor João Porto. (1967). *Coimbra Médica*, Série 3, *14*(7), 645–650. M. Ramos Lopes. (1999). Galeria dos presidentes: João Porto, primeiro Presidente da Sociedade Portuguesa de Cardiologia. *Revista Portuguesa de Cardiologia*. *18*(3), 327–328. Prof. Doutor João Porto. In Memoriam. (1967). *Coimbra Médica*, Série 3, *14*(7), 639–643. Professor Doutor João Porto (Homenagem por motivo da sua jubilação). (1961). *Coimbra Médica*, Série 3, *8*(7), 689–699.

| Médico | Número de doentes | % |
|---|---|---|
| Abílio de Andrade | 11 | 1,64% |
| Albertino de Barros | 15 | 2,24% |
| Alexandre da Silva | 7 | 1,04% |
| António Matos Beja | 1 | 0,15% |
| António Taborda | 1 | 0,15% |
| Bissaya Barreto | 29 | 4,33% |
| Borges do Nacimento | 3 | 0,45% |
| Brito Amaral | 5 | 0,75% |
| Cunha Vaz | 6 | 0,90% |
| Dinis Vieira | 5 | 0,75% |
| Fausto Pimentel | 28 | 4,18% |
| Fernando de Oliveira | 2 | 0,30% |
| Francisco Pimentel | 2 | 0,30% |
| Ibérico Nogueira | 5 | 0,75% |
| João Pinheiro | 4 | 0,60% |
| João Porto | 1 | 0,15% |
| Joaquim Gonçalves | 2 | 0,30% |
| José Bacalhau | 2 | 0,30% |
| José Oliveira | 3 | 0,45% |
| Luís Raposo | 19 | 2,84% |
| Manuel Montezuma | 6 | 0,90% |
| Mário Carneiro | 15 | 2,24% |
| Morais Zamith | 7 | 1,04% |
| Mota | 1 | 0,15% |
| Novais e Sousa | 1 | 0,15% |
| Nunes da Costa | 42 | 6,27% |
| Palmiro Baptista | 5 | 0,75% |
| Penha | 4 | 0,60% |
| Ramos Lopes | 3 | 0,45% |
| Rodrigo Santiago | 1 | 0,15% |
| Sena de Oliveira | 1 | 0,15% |
| Trajano Pinheiro | 21 | 3,13% |
| Um aluno | 1 | 0,15% |
| Vieira | 2 | 0,30% |
| Sem médico/ilegível | 409 | 61,04% |
| Total | 670 | 100,00% |

Tabela 5 Distribuição dos doentes de acordo com o médico prescritor (tabela construída pela autora a partir de papeletas existentes no Arquivo da Universidade de Coimbra)

A localidade de residência dos doentes foi outro parâmetro que analisámos, em conformidade com o esperado a grande maioria dos doentes admitidos nos Hospitais da Universidade de Coimbra tratados com penicilina residia no distrito de Coimbra, também verificamos que existe uma elevada percentagem de doentes residentes nos distritos de Leiria, Guarda, Viseu e Aveiro, as localidades menos representativas são Beja, Bombarral e Porto.

| Localidade | Nº de doentes | % |
|---|---|---|
| Aveiro | 32 | 4,78% |
| Beja | 1 | 0,15% |
| Bombarral | 1 | 0,15% |
| Bragança | 4 | 0,60% |
| Castelo Branco | 12 | 1,79% |
| Coimbra | 341 | 50,90% |
| Figueira da Foz | 34 | 5,07% |
| Guarda | 44 | 6,57% |
| Leiria | 98 | 14,63% |
| Portalegre | 8 | 1,19% |
| Porto | 1 | 0,15% |
| Santarém | 23 | 3,43% |
| Viana do Castelo | 6 | 0,90% |
| Vila Real | 8 | 1,19% |
| Viseu | 57 | 8,51% |
| Total | 670 | 100,00% |

Tabela 6 Distribuição dos doentes de acordo com a localidade de residência (tabela construída pela autora a partir de papeletas existentes no Arquivo da Universidade de Coimbra)

O resultado do tratamento dos doentes aos quais foi administrada penicilina pode ser analisado através dos dados expostos na Tabela 7. Verificamos que a maioria, 78,66%, dos doentes tratados com penicilina se encontravam curados quando obtiveram alta e que 12,69% faleceram. Os dados observados encontram-se em consonância com os resultados descritos por autores americanos e britânicos, que registaram, respetivamente, uma percentagem de cura de 73,2% e 71,5%[388]. Nos Hospitais da Universidade de Coimbra, em 1941, a percentagem de cura de doentes diagnosticados com "septicémia" foi de 42,9% e diagnosticados com "broncopneumonia" foi de 43,8%[389]. Com a introdução da penicilina naqueles serviços, e de acordo com os dados recolhidos, a percentagem de cura para as referidas patologias aumentou substancialmente, passando a situar-se em 70,6% no caso de doentes diagnosticados com "septicémia" e em 86,7% para doentes diagnosticados com "broncopneumonia".

| Resultado do tratamento | Nº de doentes | % |
|---|---|---|
| Alta a pedido da família | 5 | 0,75% |
| Curado | 527 | 78,66% |
| Faleceu | 85 | 12,69% |
| Mesmo estado | 19 | 2,84% |
| Pediu alta | 8 | 1,19% |
| Piorado | 25 | 3,73% |
| Recusou continuar o tratamento | 1 | 0,15% |
| Total | 670 | 100,00% |

Tabela 7 Distribuição dos doentes de acordo com o resultado do tratamento (tabela construída pela autora a partir de papeletas existentes no Arquivo da Universidade de Coimbra)

Ao analisarmos a Tabela 8 constatamos que a penicilina foi prescrita a doentes de todas as faixas etárias, o número de doentes tratados com o medicamento foi relativamente homogéneo em todas as faixas etárias até aos 45 anos de idade. Nas faixas etárias seguintes nota-se um decréscimo progressivo no número de doentes tratados, este facto está em concordância com a esperança média de vida à nascença que em 1940 era de 47,8 anos para os homens e 51,8 anos para as mulheres[390]. Como já havíamos constatado por observação da Tabela 3 "Distribuição dos doentes em função do género", 57% da penicilina prescrita nos Hospitais da Universidade de Coimbra foi administrada a homens e 43% a mulheres. Os dados apresentados na Tabela 8 demonstram que as maiores discrepâncias existentes na prescrição de penicilina entre géneros são referentes às faixas etárias do 6 aos 10 anos, dos 16 aos 20 anos, dos 41 aos 45 anos e

---

[388] Florey, M. E. (1944). Utilização terapêutica da penicilina. *Clínica, Higiene e Hidrologia*, X(4), 106–112.

[389] Hospitais da Universidade de Coimbra. (1947). Movimento clínico do ano de 1941 - Estatística geral das doenças. *Boletim dos Hospitais da Universidade de Coimbra*, X, 24-37.

[390] Cónim, C. N. P. da S. (1999). *Geografia do envelhecimento da população portuguesa - Aspetos Sociodemográficos 1970-2021*. (Departamento de Prospetiva e Planeamento, Ed.). Lisboa: SCARPA, 11.

dos 51 aos 55 anos em que a penicilina foi administrada a um maior número de homens que a mulheres. A faixa etária dos 26 aos 30 anos é a única, com relevo, em que esta situação se inverte.

| Idade | Nº de doentes | % Mulheres | % Homens | % Total |
|---|---|---|---|---|
| 0-5 | 62 | 4,63% | 4,63% | 9,26% |
| 6-10 | 37 | 2,09% | 3,43% | 5,52% |
| 11-15 | 53 | 3,73% | 4,18% | 7,91% |
| 16-20 | 60 | 3,28% | 5,67% | 8,95% |
| 21-25 | 63 | 4,63% | 4,78% | 9,41% |
| 26-30 | 58 | 4,93% | 3,73% | 8,66% |
| 31-35 | 73 | 4,33% | 6,57% | 10,90% |
| 36-40 | 79 | 5,67% | 6,12% | 11,79% |
| 41-45 | 50 | 2,69% | 4,78% | 7,47% |
| 46-50 | 33 | 2,09% | 2,84% | 4,93% |
| 51-55 | 35 | 1,34% | 3,88% | 5,22% |
| 56-60 | 27 | 1,64% | 2,39% | 4,03% |
| 61-65 | 18 | 0,75% | 1,94% | 2,69% |
| 66-70 | 7 | 0,30% | 0,75% | 1,05% |
| 71-75 | 10 | 0,45% | 1,04% | 1,49% |
| 76-80 | 3 | 0,30% | 0,15% | 0,45% |
| 80-85 | 1 | 0,15% | 0,00% | 0,15% |
| ? | 1 | 0,00% | 0,15% | 0,15% |
| Total | 670 | 42,99% | 57,01% | 100,00% |

Tabela 8 Distribuição dos doentes de acordo com a idade (tabela construída pela autora a partir de papeletas existentes no Arquivo da Universidade de Coimbra)

Outro parâmetro analisado nos doentes admitidos e tratados com penicilina nos Hospitais da Universidade de Coimbra entre Setembro de 1944 e Agosto de 1946 foi o diagnóstico da doença. Na Tabela 9 consta um resumo das patologias nas quais foi prescrita a penicilina. Nesta tabela fazemos referência às enfermidades com maior representatividade, tendo as restantes sido agrupadas na rubrica denominada "Outros". As patologias respiratórias, nas quais englobámos pneumonias, broncopneumonias, abcessos pulmonares e pleurisias, surgem como a primeira causa de prescrição de penicilina, seguindo-se a osteomielite e depois o fleimão. Estas patologias são tidas como "Indicações absolutas" para a prescrição de penicilina no relatório elaborado por Chester S. Keefer, presidente do Committee on Chemotherapeutic and Other Agents, Division of Medical Sciences, National Research Council, que foi traduzido e publicado na revista *Notícias Farmacêuticas* com o título "Penicilina:

indicações, contraindicações, modo de administração e posologia da penicilina"[391]. As septicémias e as infeções ginecológicas, nas quais incluímos a infeção puerperal, também se encontram entre as principais enfermidades com prescrição de penicilina. Nas papeletas consultadas verificámos que a penicilina foi prescrita de acordo com as indicações sugeridas no relatório de Chester Keefer[392], a única exceção que encontramos refere-se à administração do antibiótico a doentes diagnosticados com febre tifoide, nestes casos, de acordo com o relatório do clínico norte-americano, a utilização de penicilina está contra indicada por ser considerada ineficaz.

| Diagnóstico | Nº de Doentes | % |
|---|---|---|
| Apendicite | 27 | 4,22% |
| Difteria | 6 | 0,94% |
| Doenças venéreas | 4 | 0,63% |
| Febre tifoide | 10 | 1,56% |
| Feridas | 7 | 1,09% |
| Fleimão | 38 | 5,94% |
| Fraturas | 25 | 3,91% |
| Furúnculo | 4 | 0,63% |
| Gangrena | 5 | 0,78% |
| Ginecologia | 37 | 5,78% |
| Hérnias | 12 | 1,88% |
| Ilegível | 17 | 2,66% |
| Mastoidite | 12 | 1,88% |
| Meningite | 16 | 2,50% |
| Osteomielite | 53 | 8,28% |
| Patologias respiratórias | 106 | 16,56% |
| Peritonite | 10 | 1,56% |
| Pústula maligna | 7 | 1,09% |
| Queimaduras | 5 | 0,78% |
| Quisto | 5 | 0,78% |
| Septicémia | 34 | 5,31% |
| Síndroma febril | 4 | 0,63% |
| Sinusite | 12 | 1,88% |
| Úlcera | 28 | 4,38% |
| Outras | 156 | 24,38% |
| Total | 640 | 100,00% |

Tabela 9 Distribuição dos doentes em função do diagnóstico (tabela construída pela autora a partir de papeletas existentes no Arquivo da Universidade de Coimbra)

[391] Penicilina: indicações, contra-indicações, modo de administração e posologia da penicilina, *op.cit.*
[392] Ibid.

A penicilina surge como medicamento utilizado no tratamento de 670 doentes admitidos nos Hospitais da Universidade durante o período em análise, e em 182 destes casos o medicamento foi prescrito em associação com sulfamidas. As sulfamidas são mencionadas nas papeletas pelo seu nome genérico "sulfamidas" e "sulfatiazol" ou encontram-se prescritas pela denominação comercial "cibazol". Nas formas farmacêuticas utilizadas para a administração de sulfamidas encontram-se as "empolas", que supomos destinarem-se à administração parentérica, e os comprimidos, para administração oral. Relativamente às "empolas" não é referida a posologia empregue, somente a dose total administrada que varia de acordo com a patologia diagnosticada. Relativamente aos comprimidos a posologia é de, habitualmente, um comprimido de duas em duas, três em três ou quatro em quatro horas. As doses totais do medicamento administradas nesta forma farmacêutica variam entre os dois comprimidos e os oitenta comprimidos. Quando analisamos as 1 999 papeletas em que houve administração de sulfamidas não associadas à penicilina verificamos que 28,1% da prescrição é referente a doentes em que foi realizada uma intervenção cirúrgica resultante de um diagnóstico de apendicite, úlcera gástrica, estenose do piloro ou hérnia. Constatámos que 20,3% foi prescrita em patologias ginecológicas e obstétricas, 10,9% da prescrição surge no grupo em que incluímos feridas, abcessos, fleimões e erisipelas e 7,5% nas patologias respiratórias. Verificamos que nos casos em que as sulfamidas foram prescritas associadas a intervenções cirúrgicas a via parentérica, forma farmacêutica "empolas", foi a preferencial, e nas patologias ginecológicas e obstétricas o medicamento foi maioritariamente prescrito em comprimidos para administração oral. Os clínicos prescritores também foi um dos parâmetros analisados na consulta das papeletas dos doentes tratados com sulfamidas. Em 49,2% dos casos não nos foi possível apurar o médico responsável pela instituição da terapêutica, este facto deveu-se ao preenchimento incompleto da papeleta ou à ilegibilidade do nome do clínico. Nas papeletas em que conseguimos identificar o médico verificámos que Bissaya Barreto foi responsável por 16,1% das prescrições de sulfamidas, José Bacalhau por 6,7% e Nunes da Costa por 3,4%. Os clínicos Albertino Barros, António Matos Beja, Ibérico Nogueira, Maria Flora Vasconcelos, Novais e Sousa e Palmiro Batista foram responsáveis por 8,4% das prescrições de sulfamidas, as prescrições destes clínicos surgem associadas às especialidades de ginecologia e obstetrícia.

Na análise que efetuámos às papeletas dos doentes admitidos nos Hospitais da Universidade de Coimbra, entre Setembro de 1944 e Agosto de 1946, tratados com penicilina foram examinadas as doses totais administradas, a posologia empregue e o tempo de tratamento. As doses totais administradas, conforme esperado, variaram de acordo com o diagnóstico e com a gravidade dos sintomas não sendo possível estipular um padrão. A partir de Julho de 1945, a penicilina começou a ser importada pela indústria farmacêutica e a sua distribuição deixou de estar sobre o controlo da CVP. Verificámos que a partir deste período houve aumento da prescrição de penicilina, o que é coincidente com o aumento da sua produção mundial e com a maior facilidade de acesso ao antibiótico. Dos 670 doentes tratados com penicilina só encontrámos referência à posologia em 4,33%, ou seja 29 doentes. Em 26 destes casos clínicos a penicilina foi administrada de 3 em 3 horas, tendo sido a dose de 10 000 unidades em 4 casos, 15 000 unidades em 3 casos, 20 000 unidades em 9 casos e 40 000 unidades num caso. Nos restantes 9 casos a dose surge referenciada em centímetros cúbicos, tendo sido administrado 1 centímetro cúbico em dois doentes, 2 centímetros cúbicos em 6 doentes e 3 centímetros cúbicos num doente. Em três pacientes a penicilina foi administrada de 4 em 4 horas, tendo sido a dose prescrita 10 000 unidades num, 15 000 unidades noutro e 20 000 unidades no terceiro. As posologias prescritas estão em concordância com as recomendações existentes para o tratamento das patologias diagnosticadas[393]. Das 670 papeletas examinadas só 3 nos esclareceram sobre a via de administração empregue, em duas é feita referência à via intramuscular e numa à utilização de pomada de penicilina. Supomos que nos restantes doentes a penicilina tenha sido administrada por via parentérica. Esse pressuposto baseia-se no facto desta via ser a preferencial para o tratamento de patologias graves[394], por ser feita referência, nas papeletas analisadas, a "frascos" e "ampolas" de penicilina e por este medicamento ser indicado por via parentérica no tratamento das patologias encontradas[395].

Outro parâmetro analisado nas papeletas dos doentes admitidos nos Hospitais da Universidade de Coimbra entre Setembro de 1944 e Agosto de 1945 foi a média dos dias de internamento. Verificámos que nos 20 896 doentes admitidos, durante este período, a média de dias de internamento foi de 31,3 dias, relativamente aos 670 doentes tratados com penicilina esta média subiu 32,6% situando-se em 41,5 dias de internamento, nos 1 999 doentes tratados com sulfamidas a média foi 39,7 dias de internamento e nos 18 227 doentes admitidos nos Hospitais da Universidade durante o período analisado a média de dias de internamento foi de 30,6 dias. Entendemos que estes dados suportam o conceito que a administração de penicilina estava reservada para casos muito graves, que mesmo após tratamento necessitavam de períodos de convalescença longos. Ao examinarmos mais pormenorizadamente a distribuição dos doentes, tratados com penicilina, em função dos dias de internamento verificamos que 10,6% dos doentes têm um período de internamento inferior a 5 dias e que neste grupo apenas 33,8% dos doentes se encontravam curados quando obtiveram alta. No extremo oposto temos 10% de doentes internados por um período superior a 100 dias, mas ao contrário do grupo anterior neste grupo 86,6% encontravam-se curados quando obtiveram

---

[393] Barata, P. (1945b). Penicilina - Revista geral. *Jornal do Médico*, *VI*(132), 313–321.

[394] Carvalho, R. de. (1944b). Penicilina: seu estudo entre 1929 e 1943. *Jornal dos Farmacêuticos*, *III*(31 a 32), 95–129.

[395] Keefer, C. S. (1946). Formas farmacológicas, doses e indicações da penicilina. *Jornal do Médico*, *VII*(161), 394–397.

alta. Embora estes resultados possam parecer estranhos somos da opinião que a taxa de insucesso observada no primeiro grupo é devida à gravidade da doença e ao facto da penicilina ser administrada como último recurso, não conseguindo nestes casos reverter o percurso da doença.

A consulta e a análise das papeletas dos doentes admitidos nos Hospitais de Universidade de Coimbra entre Setembro de 1944 e Agosto de 1945 permitiu--nos recolher informações sobre a introdução da penicilina nestes hospitais. Através dos dados examinados concluímos que a penicilina foi bem aceite e rapidamente incorporada no conjunto de medicamentos habitualmente prescritos nestes hospitais. Apesar das dificuldades inicialmente existentes na obtenção de penicilina os clínicos dos Hospitais da Universidade de Coimbra procuraram adquirir o medicamento para o tratamento dos seus doentes. Em carta enviada à Cruz Vermelha Portuguesa em 12 de Dezembro de 1944[396] foi sugerida "a entrega de um contingente regular, àquele hospital" de forma a "evitar atrasos na remessa de 'Penicilina'"[397]. Não conseguimos apurar se a Cruz Vermelha atendeu este pedido. No entanto através de carta datada de 19 de Janeiro de 1945[398] sabemos que a CVP baixou o custo de cada ampola de penicilina enviada àqueles hospitais de 230$00 para 130$00. Os Hospitais da Universidade de Coimbra utilizaram a penicilina de acordo com as recomendações existentes. As patologias em que foi empregue encontravam-se, maioritariamente, entre as de indicação absoluta para a administração do medicamento, sendo elevada a percentagem de curas obtidas. Verificámos que a prescrição do medicamento aumentou com o incremento da produção mundial de penicilina e consequente facilidade na sua obtenção.

---

[396] Arquivo da Cruz Vermelha Portuguesa. Carta dos Hospitais da Universidade de Coimbra de 12 de Dezembro de 1944 - Número de ordem de entrada 5904. Em *Livro de correspondência recebida*. Lisboa.

[397] Ibid.

[398] Arquivo da Cruz Vermelha Portuguesa. Carta enviada para os Hospitais da Universidade de Coimbra em 19 de Janeiro de 1945 - Número de ordem 323. Em *Livro de correspondência expedida, Volume I*. Lisboa.

## 4. Primeiras importações de penicilina para Portugal através da Indústria Farmacêutica

Nos anos 40 o abastecimento de medicamentos em Portugal estava dependente da importação visto que a produção nacional não conseguia satisfazer um terço das necessidades do país[399]. Em 1945 a penicilina começou a ser importada dos EUA como medicamento e até 1948 o abastecimento de antibióticos em Portugal era, como referimos, dependente da importação[400].

Em Janeiro de 1945 a distribuição de penicilina ainda se encontrava sobre o controlo da CVP mas antevendo o incremento da produção mundial e a integração do fármaco no circuito habitual de distribuição de medicamentos, o Laboratório Sanitas anunciou na revista *Clínica, Higiene e Hidrologia* a chegada em breve do medicamento ao nosso país. De acordo com o anúncio "por contrato celebrado com os Laboratórios Schenley e devidamente autorizado pelo departamento de estado (E.U.A.). O Laboratório Sanitas ficou habilitado a fornecer toda a penicilina necessária para Portugal e colónias. A primeira remessa chegará breve. Oportunamente o Laboratório Sanitas anunciará a data exata da receção"[401]. Este anúncio foi o primeiro que encontrámos, na bibliografia médica consultada, sobre a importação de penicilina através da indústria farmacêutica.

O Instituto Pasteur de Lisboa também foi um dos laboratórios pioneiros na importação de penicilina em Portugal, a sua disponibilidade para distribuir o medicamento foi anunciada no número 29 de 1945 da revista *Portugal Médico*. A notícia refere que "o Instituto Pasteur de Lisboa está apto a fornecer penicilina embora, por enquanto, a quantidade de que dispõe seja limitada; e, por isso, com razão pede que as receitas que os médicos lhe enviem se destinem apenas aos casos cujas indicações sejam precisas ou cuja gravidade justifique a imediata aplicação do medicamento"[402].

---

[399] Matta, G. (1972). Editorial - A indústria farmacêutica portuguesa. *Revista Portuguesa de Farmácia*, *22*(4), 291–297.

[400] C Comissão Reguladora dos Produtos Químicos e Farmacêuticos. (1956b). *Medicamentos especializados e produtos químicos medicinais - Volume I e II*. Lisboa: Gráfica Boa Nova Ldª., 112.

[401] Laboratório Sanitas. (1945). Publicidade penicilina Janeiro 1945. *Clínica, Higiene e Hidrologia*, *XI*(1), III.

[402] Notícias e informações - Penicilina. (1945). *Portugal Médico*, *29*(anexos), 64.

Em Julho de 1945 quando a penicilina foi integrada no circuito comercial de venda de medicamentos a CRPQF elaborou diretivas de modo a que a sua distribuição ocorresse sem perturbações nem falhas no abastecimento. A 13 de Julho de 1945 o Grémio Nacional das Farmácias comunicou às farmácias portuguesas, por meio de circular, as diretivas emitidas pela CRPQF para a venda de penicilina nos seus estabelecimentos[403]. De acordo com o documento a cedência de penicilina exigia a apresentação de uma receita médica onde deveria constar o nome e morada do doente e que não poderiam ser vendidas mais de seis ampolas do medicamento por cada receita médica. O armazenamento da penicilina só era permitida quando as farmácias assegurassem as condições exigidas para a conservação do medicamento e até ao máximo de seis ampolas, as requisições de penicilina efetuadas aos importadores teriam obrigatoriamente que ser validadas pela CRPQF. As farmácias do Porto, Lisboa e Coimbra poderiam requisitar até vinte ampolas de penicilina para satisfazer os pedidos do medicamento efetuados durante o serviço noturno e de fim-de-semana. Era exigido às farmácias a elaboração de um diário para o registo dos fornecimentos realizados, onde deveria constar o nome e a morada do doente, a quantidade de ampolas fornecidas por receita e o respetivo número de ordem das ampolas. A circular indica que "os meios de se poderem conservar as ampolas de penicilina são o uso de frigorífico ou geleira em que sejam mantidas uma temperatura inferior a 10° centigrados, isto é, entre 4° e 10°"[404]. Nesta circular também são indicados os laboratórios importadores de penicilina, o Instituto Pasteur de Lisboa, a Farmácia Barral e o Laboratório Sanitas com delegações em Lisboa, Porto e Coimbra e a Sociedade Industrial Farmacêutica e Santos Mendonça Ld.ª em Lisboa.

Apesar de terem sido instituídos processos para garantir o abastecimento e a distribuição de penicilina nas farmácias portuguesas as quantidades do medicamento existentes eram ainda reduzidas o que ocasionou alguns problemas de fornecimento do fármaco. Esta situação levou a que a 25 de Julho de 1945 a Secção do Porto do Grémio Nacional das Farmácias solicitasse ao diretor da revista *Jornal do Médico* a publicação de uma nota de esclarecimento sobre o facto[405]. A nota informa que apesar de terem sido seguidas as diretivas da CRPQF ainda não fora possível abastecer convenientemente todas as farmácias de modo a assegurar o aviamento integral da totalidade das receitas médicas. De acordo com o Grémio esta situação resultava, para além da inexistência de quantidades suficientes de penicilina, do facto dos custos de armazenamento da mesma serem incomportáveis para algumas farmácias.

---

[403] Centro de Documentação Farmacêutica da Ordem dos Farmacêuticos - Delegação Regional de Coimbra. Circular número 66 do Grémio Nacional das Farmácias enviada à Farmácia Cruz Viegas a 13 de Julho de 1945, *op. cit.*

[404] Ibid.

[405] Lemos, A. de. (1945). Penicilina - Uma carta do Grémio Nacional das Farmácias (secção do Porto). *Jornal do Médico*, 6(132), 299.

Apesar das dificuldades expressas foi garantido o abastecimento das farmácias de maior movimento da cidade e instituído um Serviço Informativo Telefónico para esclarecer utentes e clínicos sobre as farmácias habilitadas a fornecer o medicamento durante o serviço noturno ou de fim-de-semana.

O abastecimento de penicilina nas principais cidades estava garantido pela existência de delegações dos laboratórios importadores. O Instituto Pasteur de Lisboa, o Laboratório Sanitas e a Farmácia Barral tinham delegações no Porto e em Coimbra[406] assegurando o fornecimento do medicamento nas farmácias destas cidades. O aprovisionamento de penicilina nas farmácias do interior era efetuado pelo correio. A falta de acondicionamento adequado do medicamento durante o transporte levantou dúvidas quanto a eventuais alterações do fármaco[407]. Foi sugerido que estas alterações poderiam ser responsáveis pela perda de eficácia do medicamento. Quando havia fracasso do tratamento além de serem consideradas a falta de sensibilidade do microrganismo e a resistência desenvolvida por este à penicilina também tinha que ser ponderada a eventual perda de atividade resultante do acondicionamento impróprio durante o transporte do medicamento[408].

Em Agosto de 1945 as diretivas da CRPQF sobre a venda de penicilina foram publicadas pela revista *Eco Farmacêutico*. A entidade reguladora dos medicamentos alertou que as remessas de penicilina existentes eram insuficientes para cobrir as necessidades do medicamento sendo inevitável implementar medidas que assegurassem o fornecimento e a distribuição adequada do mesmo evitando ruturas de *stock*. A CRPQF classificou a penicilina como um medicamento de prescrição médica obrigatória, decretou que a sua venda só poderia ser efetuada em farmácias, que só poderiam ser vendidas até 6 ampolas de penicilina por cada receita médica e que as farmácias poderiam armazenar até 6 ampolas do medicamento, quantidade renovável mediante requisição ao importador. As farmácias a efetuar serviço noturno ou de fim-de-semana deveriam estar aptas para aviar qualquer receita de penicilina.

Na opinião da revista *Eco Farmacêutico* a obrigatoriedade da venda de penicilina em farmácias constitui um triunfo dos "bons princípios"[409]. Segundo a revista, antes da deliberação da CRPQF, foram consideradas outras possibilidades para o local de venda do medicamento mas a polémica em torno do assunto só existiu "porque até então ninguém se lembrava que a Penicilina é um medicamento e como tal só devia e podia ser vendida pela farmácia"[410]. O *Eco Farmacêutico*

---

[406] Centro de Documentação Farmacêutica da Ordem dos Farmacêuticos - Delegação Regional de Coimbra. Circular número 66 do Grémio Nacional das Farmácias enviada à Farmácia Cruz Viegas a 13 de Julho de 1945, *op. cit.*

[407] Sobre transporte e cor da penicilina. (1946). *Jornal do Médico, 7*(170), 570.

[408] Noronha, R. (1946). O transporte da penicilina. *Jornal do Médico, 7*(171), 688.

[409] Regulamento da venda da Penicilina, *op. cit.*

[410] Dois assuntos. (1945). *Eco Farmacêutico, 7*(58), 1.

considerava a deliberação da entidade reguladora dos medicamentos como um "acto de justiça e de defesa da saúde pública"[411]. Questões relacionadas com a venda de penicilina fora das farmácias já haviam sido abordadas pela revista. A 13 de Março de 1945 o *Diário Popular* publicou a notícia "Especulação com penicilina". De acordo com a mesma a escassez de penicilina estava a ocasionar especulação do seu preço e a forma de se evitar esta situação seria a venda do medicamento diretamente pelos médicos. O *Eco Farmacêutico* através da sua rubrica *Interesses Profissionais*[412] contestou a opinião do *Diário Popular* argumentando que tais situações seriam impedidas se a penicilina fosse vendida somente em farmácias, com obrigatoriedade de prescrição médica. Foi referido que a farmácia tem um profissional de saúde sempre presente e encontra-se obrigada, por lei, a respeitar o preço marcado na embalagem o que a torna no único canal fidedigno para a venda do medicamento.

As dificuldades na obtenção de penicilina levaram à divulgação de notas informativas, como esta proveniente da Farmácia Higiénica: "comunica-nos a firma Couto, Lda., (Farmácia Higiénica), com sede no Largo de S. Domingos, 108, Porto, que acaba de receber uma remessa de Penicilina, em ampolas de 100 000 U. Oxford, ao preço de 100$00 para público"[413]. A publicação destas notas de esclarecimento evitava eventuais perdas de tempo na obtenção do medicamento. Através desta notícia também ficamos conhecedores do preço de cada ampola de medicamento e embora o seu custo tivesse baixado substancialmente continuava bastante elevado.

Em Novembro de 1945 as quantidades de penicilina disponíveis já eram suficientes para suprir as necessidades do mercado. Mediante esta situação o Ministério da Economia mandou publicar uma nota de imprensa onde informava que "em virtude de estarem a chegar ao País, com certa regularidade as remessas de penicilina, entende a Comissão Reguladora dos Produtos Químicos e Farmacêuticos, de acordo com a Direcção Geral de Saúde Pública, ser desnecessário continuar a observar as medidas em devido tempo tomadas sobre a venda deste medicamento, pelo que as mesmas são eliminadas a partir desta data, exceto no que respeita à sua aplicação, que só poderá fazer-se, como até aqui, sob prescrição e responsabilidade médica"[414]. Além de ter sido publicada na revista *Eco Farmacêutico* esta nota de imprensa também foi veiculada no *Jornal do Médico*[415].

---

[411] Ibid.

[412] Mas que conclusão!! (1945). *Eco Farmacêutico*, 7(54), 4.

[413] Penicilina. (1945). *Eco Farmacêutico*, 7(59), 8.

[414] Cessaram as restrições na venda da Penicilina. (1945). *Eco Farmacêutico*, 7(91), 19.

[415] Ministério da Economia. Venda de penicilina, *op. cit.*

## 5. A INDÚSTRIA FARMACÊUTICA PORTUGUESA E A PRODUÇÃO DE MEDICAMENTOS COM PENICILINA A PARTIR DE FINAIS DOS ANOS QUARENTA

Nos anos 30 o abastecimento de medicamentos em Portugal era quase exclusivamente efetuado pela indústria farmacêutica estrangeira, a produção nacional estava limitada a pequenos laboratórios na sua maioria anexos a farmácias, sendo os medicamentos elaborados de forma artesanal[416]. Após a II Guerra Mundial, mesmo sem o benefício da proteção legal e sem uma indústria química desenvolvida para fornecimento de matérias-primas[417], a indústria farmacêutica nacional desenvolveu-se e apesar de não ter atingido as dimensões da indústria farmacêutica de alguns países fortemente industrializados estava-lhes equiparada em termos de qualidade das especialidades farmacêuticas que produzia. Entidades reguladoras internacionais como a FDA (Food and Drug Administration) e a EFTA (European Free Trade Association) inspecionaram as unidades fabris nacionais e aprovaram as metodologias empregues[418]. A visão de alguns empresários contribuiu para esta situação, modernizaram as suas empresas, apostaram na formação, no estrangeiro, de técnicos qualificados de modo a poderem acompanhar as necessidades do mercado, criando uma "mentalidade industrial e científica"[419] e abrindo "novas perspetivas à Industrial Nacional de Medicamentos"[420]. O estabelecimento de ligações com indústrias farmacêuticas internacionais permitiu que os laboratórios nacionais pudessem "fabricar sob

---

[416] Matta. Editorial - A indústria farmacêutica portuguesa, *op. cit.* Sobre a indústria farmacêutica portuguesa vejam-se os estudos de J.P. Sousa Dias. (1993). A formação da indústria farmacêutica em Portugal: os primeiros laboratórios (1890-1914). *Revista Portuguesa de Farmácia,* 43(4), 47–56; Contributo para um dicionário das empresas da indústria farmacêutica portuguesa na primeira metade do Século XX. (1997). *Medicamento, História e Sociedade,* Nova série, *12,* 1–12.

[417] *Actas I Congresso Nacional da Indústria Farmacêutica, Volume II. (1968).* Lisboa: Grémio Nacional dos Industriais de Especialidades Farmacêuticas, 102. Sobre a indústria portuguesa pode ver-se a obra geral Manuel Ferreira Rodrigues e José M. Amado Mendes. (1999). *História da Indústria Portuguesa - Da Idade Média aos nossos dias.* Mem Martins: Europa-América.

[418] Matta. Editorial - A indústria farmacêutica portuguesa, *op. cit.*

[419] Ibid.

[420] Ibid.

licença"[421] um vasto número de especialidades assimilando o conhecimento já existente dessas indústrias bem como ser estimulados pela motivação das "equipas técnico-científicas altamente evoluídas"[422]. No campo de pesquisa e do desenvolvimento, apesar dos esforços de algumas empresas, os apoios económicos eram praticamente inexistentes tornando-se muito difícil competir com países que apostaram fortemente nesta área[423].

A inexistência, antes dos anos 60, de uma significativa indústria nacional produtora de matérias-primas contribuiu para que a indústria farmacêutica nacional tivesse um crescimento lento, a partir desta década, e com o início da produção de antibióticos, começou a desenvolver-se progressivamente. Apesar do acréscimo verificado, a indústria nacional ainda se encontrava dependente do mercado estrangeiro para a aquisição de matérias-primas. Trabalhos de investigação realizados pela indústria farmacêutica estrangeira levavam à descoberta de novas moléculas não permitindo alterar significativamente este panorama. O registo de patentes por parte das empresas estrangeiras também lhes permitiu manter a exclusividade da venda das especialidades farmacêuticas produzidas, apresentando-as no mercado como produto final[424].

Embora a indústria farmacêutica nacional dependesse quase exclusivamente do estrangeiro para o fornecimento de matérias-primas a aquisição de materiais de acondicionamento era efetuada maioritariamente no mercado nacional, a indústria vidreira, de cartonagem e papel, de borracha e de plásticos[425] encontram-se entre as indústrias que contribuíram e beneficiaram do desenvolvimento da indústria farmacêutica nacional[426].

Em 1956 a CRPQF compilou informação que recolheu desde a sua criação em 1940 e publicou em dois volumes dados referentes à indústria farmacêutica, à farmácia e ao comércio de "Medicamentos especializados e produtos químicos medicinais"[427]. Os elementos divulgados nestes livros permitem-nos conhecer

---

[421] Ibid.

[422] Ibid.

[423] Prista, L. N. (1966). Farmácia industrial - Indústria, investigação e ensino. *Revista Portuguesa de Farmácia, 16*(2), 105–107.

[424] *Actas I Congresso Nacional da Indústria Farmacêutica, Volume II, op. cit.*, 104.

[425] Ibid.

[426] Não é nosso objetivo fazer uma história da indústria farmacêutica em Portugal. Estamos conscientes que uma abordagem profunda da história da indústria farmacêutica em Portugal passa necessariamente pela sua integração ou articulação com a história da indústria portuguesa para a cronologia em questão e com a política neste setor do Estado Novo.

[427] Comissão Reguladora dos Produtos Químicos e Farmacêuticos. (1956b). *Medicamentos especializados e produtos químicos medicinais - Volume I e II*. Lisboa: Gráfica Boa Nova Ldª. Sobre os primórdios da regulação do medicamento em Portugal veja-se: Micaela Figueira de Sousa, João Rui Pita e Ana Leonor Pereira. (2011). Ciência, técnica e indústria farmacêutica em Portugal: primórdios da regulação dos medicamentos, anos 40-50. Em C. Fiolhais, C. Simões, e D. Martins (Eds.), *Congresso Luso-Brasileiro de História das Ciências. Livro de Atas* (pp. 929-942). Coimbra.

concretamente a situação do setor dos medicamentos e através das estatísticas apresentadas ficamos conhecedores da evolução das diversas vertentes deste setor desde 1940 até 1954.

Além de veicular informações concretas sobre a produção e comércio dos medicamentos especializados a CRPQF também emitiu algumas opiniões sobre este ramo de atividade. São apresentados diversos fatores considerados por aquela comissão como impedimento para a rápida dinamização da indústria produtora de medicamentos em Portugal. Desde logo a existência de um número elevado de pequenos laboratórios dispersos pelo país, sem organização técnica e sem investimento na investigação. Depois a desacreditação do público e da classe médica na produção nacional de medicamentos. A existência de um elevado número de especialidades farmacêuticas no mercado, por vezes sem qualidade, ocasionava uma concorrência desleal por parte de algumas entidades, dificultava a prescrição dos clínicos, aumentava os encargos de armazenamento, impossibilitava a produção em grande escala o que consequentemente impedia a diminuição do custo e dificultava a fiscalização por parte das entidades competentes. Esta opinião foi partilhada por médicos, como J. Andresen Leitão, e farmacêuticos, o caso de Alberto Mourato. O clínico J. Andresen Leitão entende que "o excesso de especialidades farmacêuticas prejudica a escolha criteriosa do bom remédio e a luta entre a propaganda das casas comerciais desorienta os clínicos que não têm quem lhes dê seguras indicações das drogas que lhes oferecem. A pouca venda da maioria dos medicamentos especializados fazem-nos estagnar perigosamente nas prateleiras das farmácias em peso morto no deve-haver do farmacêutico"[428]. Para Alberto Mourato "a falta de critério no lançamento das especialidades farmacêuticas tem permitido que se tenha vindo a criar, nestes últimos anos, uma situação que apresenta numerosos inconvenientes para todas as pessoas relacionadas, direta ou indiretamente, com as atividades farmacêuticas(...)os médicos veem-se impossibilitados de conhecer todos os produtos que a indústria lhes oferece e nem podem selecionar os de maior interesse"[429]. E continua falando dos laboratórios: "os laboratórios veem-se forçados a fabricar uma grande variedade de produtos de pouca venda, com grande aumento de trabalho e despesas de estudo e propaganda sem que recebam compensação material do seu esforço"[430]. Sobre a venda nas farmácias de oficina refere: "as farmácias são prejudicadas no seu comércio pois não conseguem abastecer-se de todos os produtos existentes no mercado, e são obrigadas, além disso, a empregar uma parte considerável dos seus lucros na aquisição das novas especialidades"[431].

---

[428] Leitão, J. A. (1954). Editorial - A multiplicação das especialidades farmacêuticas. *Jornal da Sociedade das Ciências Médicas de Lisboa*, *118*(3), 113–116.

[429] Mourato, A. (1954). Secção profissional - Aspectos da indústria farmacêutica nacional. *Revista Portuguesa de Farmácia*, *4*(3), 204–210.

[430] Ibid.

[431] Ibid.

Este autor apresenta ainda algumas "sugestões para o condicionamento das especialidades farmacêuticas" que na sua opinião poderão contribuir para "que as atividades farmacêuticas se orientem em benefício de todos"[432].

Consciente dos problemas decorrentes do elevado número de especialidades farmacêuticas existentes no mercado nacional foi promulgado em 18 de Dezembro de 1957, o Decreto nº 41 448[433]. Este documento oficial, considerado um dos mais rigorosos entre os principais países produtores[434], pretendia regulamentar a introdução de novas especialidades farmacêuticas no mercado. Para estudar e dar parecer sobre as mesmas foi criada a Comissão Técnica dos Novos Medicamentos. Esta Comissão, constituída pelo Diretor-geral de Saúde, um representante da CRPQF, um médico indicado pela Ordem dos Médicos, um professor ou assistente da Faculdade de Farmácia ou de uma das escolas de farmácia, um professor ou assistente de uma das Faculdades de Medicina e por um farmacêutico indicado pelo Sindicato Nacional dos Farmacêuticos, deveria dar parecer a respeito do interesse terapêutico do medicamento e sobre o benefício da sua produção industrial ou comercialização no mercado nacional. Entre a sua constituição, em 1958, e o final de 1962 a Comissão Técnica dos Novos Medicamentos analisou 1641 processos, em 54,7% destes processos pediu esclarecimentos adicionais e em 44,9% solicitou ao laboratório da CRPQF a realização de análises complementares. Elaborou pareceres definitivos sobre 1370 processos dos quais 66,1% foram favoráveis e 33,9% desfavoráveis[435].

A inexistência de uma indústria química nacional também foi apresentado pela CRPQF como fator limitativo para o progresso da indústria farmacêutica portuguesa e como impeditivo para a independência do mercado estrangeiro na aquisição de matéria-prima. Relativamente a este ponto autores nacionais também teceram opiniões concordantes. O farmacêutico Henrique d'Assunção Silva entendia que apesar dos progressos operados na indústria farmacêutica nacional esta continuava dependente do estrangeiro para a obtenção de matéria-prima. Segundo ele "a matéria é adquirida e, por isso, a indústria farmacêutica Nacional sofre um atraso sensível, imposto, por este facto, em relação aos países produtores dessa matéria primária, necessária e indispensável à nossa indústria farmacêutica"[436]. E continua sobre as matérias-primas: "estas matérias-primas, base de toda a Indústria dos Laboratórios Farmacêuticos Nacionais, vinda das mais variadas origens e fronteiras, entra nos nossos laboratórios e é depois associada, dividida ou fracionada em diminutas doses, constituindo uma

---

[432] Ibid.

[433] Decreto nº 41 448 de 18 de Dezembro dos Ministérios do Interior e da Economia, Diário do Governo, 1ª Série, nº 287 de 18 de Dezembro de 1957.

[434] Leal, A. M. (1963). Farmácia industrial - Editorial 1963 nº2. *Revista Portuguesa de Farmácia, 13*(2), 226–229.

[435] Ibid.

[436] Silva, H. d'Assunção. (1953). Indústria farmacêutica I. *Eco Farmacêutico, 15*(145), 25–28.

embalagem original de cada laboratório"[437]. Luís Nogueira Prista afirmava que é "lamentável que salvo raras e honrosas exceções, a Indústria Farmacêutica Portuguesa esteja limitada à obtenção da forma galénica e seu controle. As matérias-primas continuam, na maioria dos casos, a ser importadas"[438], numa opinião crítica sobre a não existência de produção nacional.

A falta de investigação inovadora na indústria farmacêutica nacional também foi considerada como um aspeto contributivo para o condicionamento da sua afirmação e consolidação[439]. Uma maior colaboração entre a indústria e as universidades, com a elaboração de trabalhos científicos inovadores[440], é encarado como crucial na orientação da indústria, sustentando o seu avanço[441].

Para garantir a qualidade dos medicamentos e minimizar a existência de produtos sem eficácia terapêutica comprovada a CRPQF estabeleceu, em 1942, um laboratório para proceder à verificação analítica de medicamentos e produtos medicinais. Desde a sua fundação o número de análises efetuadas por ano, por este laboratório, aumentou substancialmente, passando de 72 amostras analisadas em 1942 para 2478 em 1954[442]. A partir de 1948 a penicilina também começou a ser verificada analiticamente. De acordo com os dados apresentados pela CRPQF o número de amostras analisadas foi a seguinte:

| Ano | 1948 | 1949 | 1950 | 1951 | 1952 | 1953 | 1954 |
|---|---|---|---|---|---|---|---|
| Nº amostras penicilina | 126 | 447 | 394 | 545 | 853 | 689 | 452 |
| Total amostras | 640 | 940 | 965 | 1288 | 2283 | 2050 | 1759 |
| % | 20% | 48% | 41% | 42% | 37% | 34% | 26% |

Tabela 10 Número de amostras de penicilina e número total de amostras analisadas pelo laboratório de controlo analítico da CRPQF entre 1948 e 1954[443] (tabela construída pela autora a partir de dados existentes na obra *Medicamentos especializados e produtos químicos medicinais*)

---

[437] Ibid.

[438] Prista. Farmácia industrial - Indústria, investigação e ensino, *op. cit.*

[439] Pinto, O. (1966). Farmácia industrial - Investigação e indústria. *Revista Portuguesa de Farmácia, 16*(3), 205–206.

[440] Silva, H. d'Assunção. (1954). Indústria farmacêutica II. *Eco Farmacêutico, 16*(149), 4–15.

[441] Prista. Farmácia industrial - Indústria, investigação e ensino, *op. cit.*

[442] Comissão Reguladora dos Produtos Químicos e Farmacêuticos, *Medicamentos especializados e produtos químicos medicinais - Volume I, op. cit.*, 61–65.

[443] Ibid, 65.

Como podemos verificar a análise de medicamentos contendo penicilina foi muito significativa. Em 1949, quando surgiram em maior número no mercado medicamentos contendo penicilina manipulados em Portugal, a análise dos medicamentos contendo esta substância correspondeu a 48% do total de amostras analisadas pelo laboratório de controlo analítico da CRPQF o que demonstra, em nosso entender, a preocupação das entidades oficiais em comprovar e garantir a qualidade dos medicamentos contendo esta substância produzidos no nosso país.

Através da publicação "Medicamentos especializados e produtos químicos medicinais" a CRPQF veiculou dados sobre o número de embalagens seladas de medicamentos especializados de produção nacional e de importação, assim como os respetivos valores de venda ao público. Para facilitar a interpretação dos dados recolhidos elaborámos duas tabelas, uma onde consta a relação do número de embalagens seladas de ambas as proveniências e outra com a relação dos valores de venda ao público desde 1940 a 1954. Em ambos os casos introduzimos os valores referentes à produção nacional de antibióticos para 1953 e 1954.

| Ano | Produção nacional N° embalagens | % | Antibióticos produção nacional N° embalagens | % | Importação N° embalagens | % | Total N° embalagens |
|---|---|---|---|---|---|---|---|
| 1940 | 2.391.920 | 49% | | | 2.475.513 | 51% | 4.867.433 |
| 1941 | 4.221.786 | 64% | | | 2.372.237 | 36% | 6.594.023 |
| 1942 | 4.835.263 | 64% | | | 2.685.725 | 36% | 7.520.988 |
| 1943 | 5.894.206 | 62% | | | 3.680.205 | 38% | 9.574.411 |
| 1944 | 6.837.223 | 71% | | | 2.751.357 | 29% | 9.588.580 |
| 1945 | 7.966.221 | 75% | | | 2.640.923 | 25% | 10.607.144 |
| 1946 | 8.781.377 | 65% | | | 4.673.665 | 35% | 13.455.042 |
| 1947 | 8.829.131 | 62% | | | 5.324.945 | 38% | 14.154.076 |
| 1948 | 12.099.840 | 64% | | | 6.946.682 | 36% | 19.046.522 |
| 1949 | 12.729.020 | 62% | | | 7.706.539 | 38% | 20.435.559 |
| 1950 | 12.268.028 | 61% | | | 7.961.323 | 39% | 20.229.351 |
| 1951 | 15.178.886 | 64% | | | 8.569.412 | 36% | 23.748.298 |
| 1952 | 15.880.660 | 56% | | | 12.366.427 | 44% | 28.247.087 |
| 1953 | 16.117.967 | 58% | 4.259.806 | 26% | 11.804.379 | 42% | 27.922.346 |
| 1954 | 16.803.842 | 56% | 4.494.444 | 27% | 13.465.594 | 44% | 30.269.436 |

Tabela 11 Número de embalagens seladas de medicamentos especializados de produção
nacional e de importação entre 1940 e 1954; número de embalagens seladas de
antibióticos de produção nacional em 1953 e 1954[444] (tabela construída pela autora
a partir de dados existentes na obra *Medicamentos
especializados e produtos químicos medicinais)*

[444] Comissão Reguladora dos Produtos Químicos e Farmacêuticos. (1956c). *Medicamentos
especializados e produtos químicos medicinais - Volume II.* Lisboa: Gráfica Boa Nova Ldª., 133–134.

Ao analisarmos a tabela 11 verificamos que em 1940 o número de embalagens de medicamentos especializados selados provenientes de importação foi superior ao de produção nacional, ainda que esta diferença não fora muito significativa. A partir de 1941 a situação inverte-se passando o fabrico nacional de especialidades farmacêuticas a dominar o mercado. Podemos constatar que este cenário se manteve até ao final do período apresentado. Durante a II Guerra Mundial a supremacia do fabrico nacional acentuou-se significativamente atingindo em 1945 os 75%; em nosso entender esta situação era previsível devido à dificuldade de circulação de bens existente durante este período. Entre 1946 e 1954 o número de embalagens de medicamentos especializados selados provenientes de importação voltou a aumentar, mas nunca superando o de produção nacional.

Relativamente ao número de embalagens de antibióticos de produção nacional seladas em 1953 e 1954 averiguamos que este atinge mais de um quarto do número total de embalagens de medicamentos selados de fabrico nacional, o que revela a importância deste grupo terapêutico no fabrico nacional de especialidades farmacêuticas e na nossa opinião no desenvolvimento da indústria farmacêutica nacional. A CRPQF também expressou a mesma opinião quando afirmava que "não é de estranhar que estes fabricos venham a produzir um forte desenvolvimento, nesta especialização dos laboratórios nacionais, pois é sobejamente conhecida a revolução operada no campo médico pelo aparecimento dos antibióticos"[445]. Referindo-nos a 1954 o número de embalagens de antibióticos seladas, provenientes de importação, correspondeu a 6,2% do total de embalagens de medicamentos seladas nesse ano[446], uma percentagem bastante inferior à ocupada pelos antibióticos manipulados em Portugal relativamente à produção nacional de medicamentos especializados[447].

Da análise da tabela 11 podemos igualmente concluir que o número de embalagens de medicamentos selados aumentou substancialmente entre 1940 e 1954. Em 1940 foram seladas 4.867.433 embalagens e em 1954 o número de embalagens seladas elevou-se para 30.269.436 o que correspondeu a um aumento de 621,87%. Entre 1947 e 1948 registou-se um incremento de 34,56%, valor bastante superior ao verificado entre os outros anos. Embora não tenhamos conseguido apurar valores exatos pensamos que o início da produção nacional de medicamentos contendo penicilina pode ter contribuído para esta situação.

---

[445] Comissão Reguladora dos Produtos Químicos e Farmacêuticos, *Medicamentos especializados e produtos químicos medicinais - Volume I, op. cit.*, 112.

[446] Ibid, 138.

[447] Ibid, 115.

| Ano | Produção nacional | | Antibióticos Produção nacional | | Importação | | Total |
|------|------|------|------|------|------|------|------|
| | PVP | % | PVP | % | PVP | % | PVP |
| 1940 | 139.230,90 | 30% | | | 321.572,15 | 70% | 460.803,05 |
| 1941 | 267.073,97 | 46% | | | 313.882,59 | 54% | 580.956,56 |
| 1942 | 347.562,61 | 48% | | | 371.560,75 | 52% | 719.123,37 |
| 1943 | 422.677,65 | 45% | | | 514.326,70 | 55% | 937.004,35 |
| 1944 | 599.684,90 | 59% | | | 409.184,63 | 41% | 1.008.869,53 |
| 1945 | 713.628,16 | 61% | | | 457.932,33 | 39% | 1.171.560,49 |
| 1946 | 772.797,07 | 53% | | | 673.218,98 | 47% | 1.446.016,05 |
| 1947 | 797.316,64 | 47% | | | 905.735,72 | 53% | 1.703.052,36 |
| 1948 | 1.047.429,30 | 42% | | | 1.420.546,77 | 58% | 2.467.976,07 |
| 1949 | 1.330.723,09 | 55% | | | 1.088.489,23 | 45% | 2.419.212,32 |
| 1950 | 1.290.683,56 | 50% | | | 1.316.213,59 | 50% | 2.606.897,15 |
| 1951 | 1.533.387,17 | 58% | | | 1.099.502,19 | 42% | 2.632.889,37 |
| 1952 | 1.686.776,34 | 54% | | | 1.443.985,73 | 46% | 3.130.762,07 |
| 1953 | 1.618.116,82 | 52% | 508.512,05 | 31% | 1.510.166,30 | 48% | 3.128.283,12 |
| 1954 | 1.573.023,84 | 49% | 533.827,40 | 34% | 1.611.479,15 | 51% | 3.184.502,99 |

Tabela 12 Valor do preço de venda ao público dos medicamentos especializados de produção nacional e de importação entre 1940 e 1954; valor do preço de venda ao público dos antibióticos de produção nacional em 1953 e 1954[448] (tabela construída pela autora a partir de dados existentes na obra *Medicamentos especializados e produtos químicos medicinais*)

Ao analisarmos os valores de venda ao público das especialidades farmacêuticas durante o mesmo período, apresentados na tabela 12, observamos um cenário ligeiramente diferente do exposto anteriormente. Em 1940, embora o valor de venda ao público das especialidades farmacêuticas provenientes de importação também fosse superior ao valor de venda ao público de especialidades farmacêuticas de produção nacional neste caso a diferença foi muito superior

---

[448] Comissão Reguladora dos Produtos Químicos e Farmacêuticos, *Medicamentos especializados e produtos químicos medicinais - Volume II, op. cit.*, 133–134.

à existente entre o número de embalagens seladas de ambas as proveniências, o que significa que os medicamentos de importação seriam mais caros que os de fabrico nacional. Durante o período da II Guerra Mundial os valores de venda ao público dos medicamentos de importação também decresceram, voltando a aumentar em anos subsequentes mas neste caso ultrapassaram os valores de venda ao público dos medicamentos de produção nacional, comprovando que estes chegavam ao mercado com um custo inferior aos de origem estrangeira.

No caso dos antibióticos fabricados em Portugal em 1953 e 1954 é novamente evidente o peso que exerceram no setor, sendo responsáveis, em 1953, por 31% do total do valor de venda ao público de medicamentos especializados de fabrico nacional e por 34% deste valor em 1954[449]. Os antibióticos provenientes de importação contribuíram, em 1954, para 10,9% do total do valor total de venda ao público dos medicamentos especializados importados[450]. Este valor demonstra novamente que os antibióticos importados tinham um preço bastante superior aos de produção nacional.

Entre 1945 e 1948 os medicamentos contendo penicilina vendidos em Portugal eram totalmente provenientes da importação, sendo os EUA o principal exportador para o nosso país[451]. A partir de 1947 a penicilina começou a ser importada como matéria-prima e em 1948 foram lançadas no mercado as primeiras especialidades farmacêuticas com penicilina manipuladas em Portugal. Só foi possível a manipulação do antibiótico após a instalação de uma camara assética para o efeito[452]. A produção de especialidades farmacêuticas contendo penicilina em Portugal contribui para a diminuição do preço de venda ao público destes medicamentos. Em 1948, quando surgiram no mercado as primeiras ampolas de 500 000 unidades de penicilina fabricadas no nosso país o seu preço, 80$00, era significativamente mais baixo que o similar de origem estrangeira, 102$75. No ano seguinte o medicamento sofreu uma baixa de preço passando, o de produção nacional a custar 37$08 e o similar de origem estrangeira 64$11, embora o medicamento importado tivesse tentado acompanhar diminuição de preço verificado pelo medicamento de produção nacional permaneceu substancialmente mais caro que este[453]. Em Janeiro de 1953 a CRPQF realizou um inquérito sobre o preço de venda ao público da penicilina de produção nacional e proveniente de diversos países estrangeiros. Para o estudo foi escolhida a embalagem de 400 000 unidades de penicilina por ser a de maior venda no mercado nacional. Os resultados concluíram que o

---

[449] Ibid, 134.

[450] Comissão Reguladora dos Produtos Químicos e Farmacêuticos, *Medicamentos especializados e produtos químicos medicinais - Volume I, op. cit.*, 138.

[451] Comissão Reguladora dos Produtos Químicos e Farmacêuticos, *Medicamentos especializados e produtos químicos medicinais - Volume I, op. cit.*, 112–113 .

[452] Ibid, 113.

[453] Comissão Reguladora dos Produtos Químicos e Farmacêuticos, *Medicamentos especializados e produtos químicos medicinais - Volume II, op. cit.*, 188–189.

medicamento apresentado pelos laboratórios nacionais detinha um preço inferior ao dos seus concorrentes estrangeiros e que o medicamento produzido em Portugal conseguia chegar ao mercado a um preço inferior que o seu similar no país de origem, mesmo em países onde Portugal adquiria o fármaco como matéria-prima[454].

O aumento da produção mundial de penicilina foi um fator decisivo para a diminuição de preço do medicamento[455], mas algumas medidas legislativas adotadas em Portugal também contribuíram para a baixa de preços verificada no nosso país[456]. O Decreto-lei nº 36 607 de 24 de Novembro de 1947[457] reduziu a taxa do imposto de selo a que estavam sujeitas as especialidades farmacêuticas diminuindo significativamente o preço de venda ao público da penicilina, tornando-a mais acessível a todas as classes sociais.

Em 1952, 15 laboratórios nacionais produziam medicamentos com penicilina. O laboratório Sanitas, o Instituto Pasteur de Lisboa, o laboratório Azevedos, o Instituto Luso-Fármaco, o laboratório Delta, Únitas, Nóvil, Vitória, Atral, Isis e a Companhia Portuguesa de Higiene produziam o sal sódico ou potássico de penicilina e procaína penicilina com penicilina cristalizada; o laboratório Zimaia, Suéli, Clesus e Bial produziam somente procaína penicilina com penicilina cristalizada[458]. Neste ano a venda de medicamentos contendo penicilina e estreptomicina correspondeu a 30% do total das vendas de medicamentos de produção nacional[459]. Em 1954 o número de laboratórios produtores de especialidades farmacêuticas contendo penicilina subiu para 20 e a venda de medicamentos, de produção nacional, contendo antibióticos aumentou para 34% do total do valor da venda de medicamentos de produção nacional[460]. O valor da importação de medicamentos contendo antibióticos correspondeu, nesse ano, a 10,9% do valor total de importação de medicamentos[461].

[454] Comissão Reguladora dos Produtos Químicos e Farmacêuticos, *Medicamentos especializados e produtos químicos medicinais - Volume I, op. cit.*, 156.

[455] Cf. Bud, *Penicillin Triumph and Tragedy, op. cit.*, 53.

[456] Comissão Reguladora dos Produtos Químicos e Farmacêuticos, *Medicamentos especializados e produtos químicos medicinais - Volume I, op. cit.*, 186.

[457] Decreto-lei nº 36 607 de 24 de Novembro do Ministério das Finanças, Diário do Governo, 1ª Série, nº 273 de 24 de Novembro de 1947.

[458] Comissão Reguladora dos Produtos Químicos e Farmacêuticos, *Medicamentos especializados e produtos químicos medicinais - Volume II, op. cit.*, 206–207.

[459] Comissão Reguladora dos Produtos Químicos e Farmacêuticos, *Medicamentos especializados e produtos químicos medicinais - Volume I, op. cit.*, 113.

[460] Comissão Reguladora dos Produtos Químicos e Farmacêuticos, *Medicamentos especializados e produtos químicos medicinais - Volume II, op. cit.*, 134.

[461] Comissão Reguladora dos Produtos Químicos e Farmacêuticos, *Medicamentos especializados e produtos químicos medicinais - Volume I, op. cit.*, 138.

Em 1966 surgiu, em Matosinhos, a primeira indústria produtora de penicilina no país a *Sociedade Produtora de Leveduras Selecionadas e Micofabril*[462]. A Sociedade Produtora de Leveduras Selecionadas era responsável pela biossíntese, extração e refinação da penicilina enquanto a Micofabril transformava a matéria-prima em especialidades farmacêuticas, embalando-as e lançando-as no mercado[463]. Em 1966 o número de embalagens de medicamentos especializados seladas de produção nacional foi de 51 082 216 e em 1967 este valor aumentou para 62 020 619[464], somos da opinião que a entrada em funcionamento da primeira indústria produtora de penicilina no nosso país terá contribuído para este incremento.

Em 1930 foi fundada, na Cruz Quebrada, a Fábrica Portuguesa de Fermentos Holandeses[465]. Esta empresa dedicada à produção de fermentos era uma sucursal da Nederlandsche Gist-en Spiritusfabriek (NG&SF), fundada em 1869, em Delft na Holanda, para a produção de fermentos para a indústria de panificação. Mais tarde, a NG&SF dedicou-se à produção de solventes e álcool destilado para além de fermentos e expandiu-se para vários países europeus incluindo Portugal[466]. A empresa holandesa, considerada autoridade em matéria de fermentos, tinha laboratórios dedicados à investigação e desenvolvimento e empregava vários bioquímicos e microbiologistas[467].

A 10 de Maio de 1940 a Holanda foi ocupada pelas forças nazis. As tropas invasoras exerceram várias medidas de controlo, nomeadamente o encerramento de fábricas e o envio dos seus funcionários para campos de trabalhos forçados. A NG&SF, por ser considerada uma empresa produtora de bens essenciais, continuou a laborar e os seus funcionários tidos como mão-de-obra qualificada escaparam aos campos de trabalhos forçados[468]. Em 1944 a NG&SF secretamente organizou uma equipa de investigadores para se dedicarem à produção de penicilina. Visto o projeto ser clandestino, a substância antibacteriana foi denominada Bacinol[469].

---

[462] Monteiro, G. (1966). Matosinhos Possui a Primeira Fábrica de Penicilina do País. *Boletim da Biblioteca Pública Municipal de Matosinhos*, (13), 1 – 8.

[463] Ibid.

[464] *Actas I Congresso Nacional da Indústria Farmacêutica, Volume II, op. cit.*, 128.

[465] Monteiro, G. (1960). *O sítio da Cruz Quebrada - Nótulas de Micro-História*. Lisboa: Tipografia Ibérica.

[466] Burns, M., Bennett, J., & van Dijck, P. W. M. (2003). Code Name Bacinol. *ASM News*, 69(1), 25–31.

[467] Burns, M. (2009b). Wartime research to post-war production: Bacinol, dutch penicillin, 1940-1950. Em A. Romero, C. Gradmann, & M. Santemases (Eds.), *Circulation of Antibiotics : Journeys of Drug Standards, 1930-1970* (p. 262). Madrid.

[468] Burns, Bennett e van Dijck. Code Name Bacinol, *op. cit.*

[469] Burns, M. (2009a). Scientific research in the Second World War: The case for Bacinol, Dutch penicillin. Em A. Maas & H. Hooijmaijers (Eds.), *Scientific Research in World War II - What scientists did in the war* (pp. 44–61). London.

Nos anos 60 a empresa holandesa expandiu-se para Portugal criando a Sociedade Produtora de Leveduras Selecionadas em Matosinhos que a partir de 1966 se dedicou à biossíntese de penicilina e estreptomicina, assim como à extração e refinação dos mesmos[470]. A Micofabril - Sociedade Industrial de Bioquímica, S. A. R. L. constituída em 1961, teve um investimento de 100 000 contos.

Técnica e cientificamente contava com a colaboração da NG&SF e complementava a Sociedade Produtora de Leveduras Selecionadas[471] transformando a matéria-prima recebida em especialidades farmacêuticas, procedendo à sua embalagem para lançamento no circuito comercial[472].

Com a construção da Micofabril as entidades governamentais pretendiam garantir a independência do mercado estrangeiro na aquisição de antibióticos básicos como ainda promover a sua exportação para o mercado externo, valorizando a indústria nacional[473].

Nas "I Jornadas Farmacêuticas Portuguesas" que decorreram em Junho de 1962 no Porto[474] os participantes visitaram as instalações da Micofabril, ainda em construção. A descrição da visita refere que "foi dado a apreciar a grandiosidade do complexo fabril que, uma vez concluído, ficará a constituir uma das maiores e mais modernas unidades industriais da Europa, no setor dos antibióticos"[475]. No número 2, de 1962, da *Revista Portuguesa de Farmácia*, inteiramente dedicado a estas jornadas, surge publicidade à Micofabril onde é feita referência à sua localização, à ligação existente à Real Indústria Holandesa de Fermentações de Delft, ao investimento do governo português na sua construção e as expectativas de que após a sua conclusão "Portugal ficará com a mais moderna fábrica de antibióticos da Europa, senão do Mundo"[476].

Em Junho de 1965 as "IV Jornadas Farmacêuticas Portuguesas" voltaram-se a realizar no Porto[477]. Durante estas jornadas foi também efetuada uma visita à Micofabril – Fábrica Portuguesa de Antibióticos Básicos, que já se encontrava concluída. Nos dias 4 e 5 de Junho as instalações da fábrica acolheram aproximadamente 360 farmacêuticos, que após um beberete oferecido na sede da empresa, examinaram os "três edifícios e anexos por onde se reparte tão vasto complexo fabril, a variadíssima aparelhagem, as secções nos diversos pisos e o laboratório

---

[470] Monteiro. Matosinhos Possui a Primeira Fábrica de Penicilina do País, *op. cit.*

[471] Publicidade - Micofabril - Sociedade Indústrial de Bioquímica, S.A.R.L. (1962). *Revista Portuguesa de Farmácia*, *12*(2).

[472] Monteiro. Matosinhos Possui a Primeira Fábrica de Penicilina do País, *op. cit.*

[473] Publicidade - Micofabril - Sociedade Indústrial de Bioquímica, S.A.R.L., *op. cit.*

[474] I Jornadas Farmacêuticas Portuguesas. (1962). *Revista Portuguesa de Farmácia, XII*(2).

[475] I Jornadas Farmacêuticas Portuguesas - Visitas. (1962). *Revista Portuguesa de Farmácia, XII*(2), 118.

[476] Publicidade - Micofabril - Sociedade Indústrial de Bioquímica, S.A.R.L, *op. cit.*

[477] IV Jornadas Farmacêuticas Portuguesas. (1965). *Revista Portuguesa de Farmácia, 15*(3).

especial que a produção de antibióticos exige"[478]. A visita foi dirigida por um farmacêutico e vários técnicos da fábrica. A *Revista Portuguesa de Farmácia* dedicou o número 3 de 1965 às "IV Jornadas Farmacêuticas Portuguesas". A Micofabril – Sociedade Industrial de Bioquímica, S.A.R.L. na publicidade que incluí nesta publicação anunciou que "tem o prazer de comunicar à Ex.ª Classe Farmacêutica em geral e a todos aqueles que visitaram as suas instalações durante as IV Jornadas Farmacêuticas que aguarda, a todo o momento, a possibilidade de começar a abastecer a Indústria Farmacêutica Nacional de penicilinas e estreptomicina"[479].

A par da Micofabril a Cipan - Companhia Industrial Produtora de Antibióticos, S.A.R.L. também deu um importante contributo para o início da produção de antibióticos em Portugal. A empresa localizada Vala do Carregado foi considerada "uma das mais modernas fábricas de antibióticos do Mundo"[480]. A indústria encontrava-se integrada no grupo farmacêutico Atral-Cipan, agregado aos Laboratórios Atral, S.A.R.L., de Lisboa, com sucursal no Perú e com associação com o Laboratório Asla, S.A., em Espanha. As expectativas respeitantes à empresa eram de poder dar ao país independência relativamente ao mercado estrangeiro na aquisição de antibióticos e, ainda, permitir a exportação do excedente da produção, propiciando a entrada de divisas no país. O complexo industrial além das unidades de produção também integrava edifícios de Serviços Sociais com Cantina, Creche e um Grupo Desportivo. Foram investidos 130 000 000$00 de capital nacional na empresa. Os técnicos, embora com formação adquirida no estrangeiro, também eram portugueses[481].

A dinamização e o crescimento da indústria farmacêutica nacional foram difundidos em Espanha. Através do artigo "Algunos aspectos de la industria portuguesa de productos químicos y farmacêuticos"[482] o país vizinho ficou conhecedor do desenvolvimento e da expansão da indústria portuguesa. Este artigo de divulgação explica que após a II Guerra Mundial criaram-se em Portugal condições para o desenvolvimento da indústria química e farmacêutica. O investimento na indústria nacional e na qualificação dos seus técnicos permitiu que a qualidade das especialidades farmacêuticas produzidas em Portugal correspondesse às exigências dos mercados internacionais. Inspeções às unidades de produção,

---

[478] IV Jornadas Farmacêuticas Portuguesas - Visita à Micofabril. (1965). *Revista Portuguesa de Farmácia*, *15*(3), 210.

[479] Publicidade à Micofabril - Sociedade Indústrial de Bioquímica, S.A.R.L. (1965). *Revista Portuguesa de Farmácia*, *15*(2).

[480] A fábrica Portuguesa de antibióticos Cipan está em laboração contínua e em pleno rendimento industria. (1964). *Farmácia Portuguesa 24*(126), 20–23.

[481] Ibid.

[482] Algunos aspectos de la industria portuguesa de productos químicos y farmaceuticos. (1969). *Blanco y Negro*, pp. 16–17. Madrid.

normas de fabrico e técnicas analíticas efetuadas pela FDA[483], possibilitaram a obtenção dos respetivos certificados de qualidade reconhecidos internacionalmente. O desenvolvimento da indústria química nacional contribuiu para o abastecimento de matérias-primas do mercado nacional ainda que houvesse necessidade de recorrer à importação para satisfazer na totalidade das necessidades da indústria farmacêutica. O artigo explicava que o aumento do consumo de antibióticos levou à criação de duas unidades de produção dos mesmos: a Micofabril Sociedade Industrial de Bioquímica, SARL e a Atral-Cipan que, de acordo com a revista espanhola, tinham uma capacidade de produção que excedia as necessidades internas permitindo a exportação para mercados externos, como os EUA, Inglaterra, Alemanha ocidental, Itália, Canadá e Suíça. Também era feita referência à existência de sucursais das empresas portuguesas em Espanha, no Perú e em Itália[484]. Consideramos que este artigo difundiu a evolução operada pela indústria farmacêutica nacional no período pós-guerra terá contribuído para o seu reconhecimento internacional quer a nível da capacidade como da qualidade dos produtos produzidos.

---

[483] Food and Drug Administration, entidade governamental dos Estados Unidos da América responsável pela qualidade dos alimentos, suplementos alimentares, medicamentos, cosméticos, equipamentos médicos, materiais biológicos e produtos derivados do sangue humano.

[484] Algunos aspectos de la industria portuguesa de productos químicos y farmaceuticos, *op. cit.*

## 6. Considerações finais

A Cruz Vermelha Portuguesa teve um papel decisivo na introdução da penicilina em Portugal. Os constantes apelos que efetuou aos governos de países produtores facultou a chegada das primeiras ampolas de penicilina a Portugal em Maio de 1944, oferecidas pelo Brasil. A partir de Setembro desse ano teve lugar a importação, a partir dos EUA, de um contingente mensal do antibiótico. As negociações entre a CVP e representantes do governo dos EUA iniciaram-se em Julho de 1944. Visto as quantidades de penicilina disponíveis ainda serem escassas foi imposto à CVP a constituição de uma comissão controladora para organizar a cedência e distribuição da penicilina em Portugal. A comissão constituída pela CVP, Junta Consultiva para a Distribuição de Penicilina em Portugal, era composta por cinco médicos de renome e prestígio, Francisco Gentil, Fernando da Fonseca, João Maia de Loureiro, Ernesto Galeão Roma e Luís António Xavier Júnior. Na primeira reunião da Junta Consultiva, que decorreu em Julho de 1944, foram estipuladas as regras para a cedência e organizada a distribuição da penicilina. Foi decidida a criação de um questionário para a requisição do antibiótico. Foi determinado que o medicamento seria armazenado no Instituto Português de Oncologia para que as condições de conservação do mesmo fossem respeitadas e foi estipulado o preço de cada ampola de penicilina. O custo determinado permitia suportar as despesas de importação e possibilitar que 50% de cada contingente mensal fosse cedido gratuitamente àqueles que não tivessem meios económicos para adquirir o antibiótico. A Junta Consultiva funcionou até Junho de 1945, distribuiu 10 700 ampolas de penicilina para o tratamento de 2500 casos clínicos. O antibiótico foi requisitado por clínicos e hospitais de todas as regiões do país e 30 a 50% das ampolas de penicilina distribuídas foram cedidas gratuitamente.

Com o aumento da produção mundial de penicilina deixou de ser necessária a intervenção de comissões controladoras na sua distribuição e o antibiótico pôde ser integrado no circuito comercial. O incremento da produção também reduziu consideravelmente o preço de venda do medicamento. A partir de Junho de 1945, Portugal começou a importar penicilina através da indústria farmacêutica e o antibiótico começou a ser vendido nas farmácias, mediante a apresentação obrigatória de uma receita médica. A Comissão Reguladora dos Produtos Químicos e Farmacêuticos (CRPQF) estipulou regras para que não houvesse ruturas na distribuição do antibiótico e para que nas farmácias fossem asseguradas as suas condições de conservação. Entre 1945 e 1947 a penicilina foi importada como medicamento. A partir de 1947 foi iniciada a importação do fármaco como matéria-prima e as primeiras especialidades farmacêuticas manipuladas em Portugal foram introduzidas no mercado em 1948. O início da produção nacional de especialidades farmacêuticas contendo penicilina constituiu um importante fator para a diminuição do preço do antibiótico no nosso país. A qualidade dos medicamentos produzidos era assegurada através da verificação analítica efetuada no laboratório de controlo de qualidade da CRPQF estando equiparada aos similares de proveniência estrangeira. A penicilina exerceu uma importante influência na indústria farmacêutica nacional. As necessidades do mercado obrigaram a um aumento da produção que por sua vez se refletiu não só na dimensão das empresas como na sua especificidade técnica e na contratação de mão-de-obra especializada. Em 1953 a produção nacional de antibióticos atingiu 30% da totalidade da produção nacional de especialidades farmacêuticas e em 1954 esse valor subiu para 34%.

A introdução da penicilina em Portugal também foi decisiva para a diminuição das taxas de mortalidade associadas a diversas doenças infeciosas e no controlo das principais doenças sexualmente transmissíveis, como a sífilis e a gonorreia.

O estudo que realizámos para os Hospitais da Universidade de Coimbra permitiu-nos verificar que houve uma enorme atualidade na utilização da penicilina, sendo as primeiras aplicações em Novembro de 1944. Os Hospitais da Universidade de Coimbra, apesar das dificuldades existentes na obtenção e distribuição da penicilina, começaram a empregá-la nos seus serviços a partir daquele mês. Quando o medicamento deixou de estar sob o controlo da Cruz Vermelha Portuguesa e passou a estar disponível nos canais habituais de distribuição de medicamentos, com importação através da indústria farmacêutica e venda em farmácias, houve um aumento significativo da sua prescrição.

Ao analisarmos as faixas etárias constatámos que a penicilina foi prescrita a doentes de todas as idades. O número de doentes tratados com o medicamento foi relativamente homogéneo em todos os escalões etários até aos 45 anos de idade. Nas faixas etárias seguintes nota-se um decréscimo progressivo no número de doentes tratados e este facto está em concordância com a esperança média de vida à nascença que em 1940 era de 47,8 anos para os homens e 51,8 anos para as mulheres.

Apesar de muitos outros antibióticos terem sido descobertos depois da penicilina, esta mantém o seu lugar de destaque entre os fármacos anti-infeciosos. A penicilina desencadeou profundas alterações na medicina, permitiu a realização de novas e ousadas cirurgias minimizando o risco de infeções, aboliu quase por completo a febre puerperal, alterou a própria estrutura hospitalar, ao introduzir a medicina curativa no campo das doenças infeciosas e ao instituir o conceito de tratamento ambulatório. Na penicilina a infeção encontrou finalmente um inimigo à altura e os doentes foram confrontados, pela primeira vez, com uma possibilidade real de cura.

A indústria farmacêutica também foi significativamente modificada por esta descoberta. A tecnologia necessária para a produção de penicilina impeliu o desenvolvimento da estrutura industrial. Pequenos laboratórios farmacêuticos transformaram-se em indústrias multinacionais. As necessidades do mercado compeliram a criação de departamentos de marketing para assegurar o retorno de investimentos. A investigação e desenvolvimento de novas moléculas foram repensadas e redimensionadas tornando-se numa das pedras basilares da indústria farmacêutica e o registo de patentes sobre essas descobertas tornou-se, além de uma obrigação para as empresas, numa necessidade para investigadores independentes de modo a protegerem o seu trabalho. Os sistemas de distribuição de medicamentos tiveram que ser repensados. Novos locais, sistemas de armazenamento e de transporte de medicamentos tornaram-se essenciais para garantir que as condições de conservação dos fármacos fossem respeitadas e mantidas desde o local de produção até ao consumidor.

A sociedade foi igualmente influenciada pela descoberta da penicilina, além das modificações óbvias nas taxas de mortalidade e morbilidade associadas às doenças infeciosas e na esperança média de vida das populações. Outras mais subtis também ocorreram, a desinibição sexual, em nosso entender, uma das principais. Embora os riscos inerentes à transmissão de doenças venéreas se mantivessem, as mais importantes patologias sexualmente transmissíveis, como a sífilis e a gonorreia, tinham finalmente uma cura. Estas doenças deixaram de constituir uma ameaça para a libertação, ou talvez mesmo a libertinagem, sexual de alguns. As repercussões da descoberta da penicilina também foram sentidas na economia dos países. As necessidades mundiais de penicilina desenvolveram, além das indústrias produtoras e de matérias-primas, a importação e exportação não só do medicamento como de tecnologia. O recurso a mão-de-obra qualificada aumentou a necessidade de formação de especialistas em diversas áreas tanto científicas como tecnológicas.

Julgamos que esta obra sobre a introdução da penicilina em Portugal suscita algumas pistas de trabalho futuro: desde logo, qual o investimento que foi feito nos anos seguintes (a partir dos anos 60 do século XX) tanto a nível científico como industrial na investigação e produção da penicilina. Parece-nos também interessante realizar mais estudos de caso em instituições hospitalares para avaliar nesses locais a receção da penicilina. A relação entre políticas de saúde e consumo de antibióticos parece-nos ser outra vertente a explorar tal como o aprofundamento do estudo sobre a indústria farmacêutica portuguesa e a produção de medicamentos com antibióticos para além da cronologia da investigação científica que realizámos.

## 7. Fontes e bibliografia

## 7.1. Fontes manuscritas, policopiadas e imagens

### 7.1.1. Arquivo da Universidade de Coimbra

#### 7.1.1.1. Hospitais da Universidade de Coimbra

Papeletas de doentes internados nos Hospitais da Universidade de Coimbra – Caixas

• 1944 – Caixas (254, 255, 256, 257) – 4º Piso – 3ª Secção – Fundo Universitário.
• 1945 – Caixas (258, 259, 260, 261, 262, 263, 264, 265, 266, 267, 268, 269) – 4º Piso – 3ª Secção – Fundo Universitário.
• 1946 – Caixas (270, 271, 272, 273, 274, 275, 276, 277) – 4º Piso – 3ª Secção – Fundo Universitário.

#### 7.1.1.2. Processos de Professores

• Barreto Rosa, Fernando Baeta Bissaya — DIV-S1ºD-E6-T1
• Carvalho, Luís Silva — DIV-S1ºD-E6-T2
• Dinis, José Cipriano Rodrigues — DIV-S1ºD-E6-T3
• Porto, João Maria — DIV-S1ºD-E7-T5
• Santos, Maria Serpa dos — DIV-S1ºD-E8-T2
• Zamith, Luís Augusto de Morais — DIV-S1ºD-E9-T3

### 7.1.2. Arquivo da Cruz Vermelha Portuguesa (Lisboa)

#### 7.1.2.1. Cruz Vermelha Portuguesa - Livros de Correspondência Expedida

• 1944 – Volume I (1 – 500), Volume II (501 – 1000), Volume III (1001 – 1500), Volume IV (1501 – 2000), Volume V (2001 – 2500), Volume VI (2501 – 3000), Volume VII (3001 – 3500), Volume VIII (3501 – 4000), Volume IX (4001 – 4500), Volume X (4501 – 5000)

- 1945 – Volume I (1 – 500), Volume II (501 – 1000), Volume III (1001 – 1550), Volume IV (1551 – 2100), Volume V (2101 – 2600), Volume VI (2601 – 3800), Volume VII (3801 – 4300), Volume VIII (4301 – 4800), Volume IX (4801 – 5300), Volume X (5301 – 5755)
- 1946 – Volume I (1 – 500), Volume II (501 – 1000), Volume III (1001 – 1500), Volume IV (1501 – 2000), Volume V (2001 – 2500), Volume VI (2501 – 3000)

### 7.1.2.2. Livros de Correspondência Recebida pela Cruz Vermelha Portuguesa

- Livro de Correspondência Recebida pela Cruz Vermelha Portuguesa de 21 de Fevereiro a 5 de Maio – 1944
- Livro de Correspondência Recebida pela Cruz Vermelha Portuguesa de 5 de Maio a [não apresenta data]
- [Livro de Correspondência Recebida pela Cruz Vermelha Portuguesa] – 1944
- Livro de Correspondência Recebida pela Cruz Vermelha Portuguesa de 11 de Dezembro de 1944 a Junho de 1945

### 7.1.2.3. Junta Consultiva de Distribuição de Penicilina em Portugal

- CVP – Junta Consultiva de Distribuição de Penicilina em Portugal – 1944 – 1945 – I Vol. (Caixa com documentos avulso)
- CVP – Junta Consultiva de Distribuição de Penicilina em Portugal – 1944 – 1949 – II Vol. (Caixa com documentos avulso)
- Livro de Atas da Junta Consultiva da Cruz Vermelha Portuguesa para a Distribuição de Penicilina em Portugal
- Ata da Sessão de 26 de Julho de 1944
- Ata da Sessão de 2 de Agosto de 1944
- Ata da Sessão de 26 de Setembro de 1944
- Ata da Sessão de 12 de Janeiro de 1945

### 7.1.2.4. Comissão Central da Cruz Vermelha Portuguesa

- Livro de Atas da Comissão Central da Cruz Vermelha Portuguesa
- Ata da Sessão Ordinária da Comissão Central da Cruz Vermelha Portuguesa em 8 de Maio de 1944
- Ata da Sessão Ordinária da Comissão Central da Cruz Vermelha Portuguesa em 12 de Junho de 1944
- Ata da Sessão Ordinária da Comissão Central da Cruz Vermelha Portuguesa em 24 de Julho de 1944
- Ata da Sessão Ordinária da Comissão Central da Cruz Vermelha Portuguesa em 18 de Outubro de 1944

- Ata da Sessão Extraordinária da Comissão Central da Cruz Vermelha Portuguesa em 29 de Novembro de 1944

7.1.2.5. Livro de Condecorações da Cruz Vermelha Portuguesa

7.1.3. Centro de Documentação Farmacêutica da Ordem dos Farmacêuticos

a) Receitas médicas doadas pela Farmácia Cruz Viegas de Coimbra, código de referência: PT/OF/CDF/E-B/007

b) Circular nº 66 do Grémio Nacional das Farmácias enviada à Farmácia Cruz Viegas em 13 de Julho de 1944 [quando o documento foi consultado ainda não lhe tinha sido atribuído um código de referência]

## 7.2. Documentos Oficiais e Legislação

Constituição Política da República Portuguesa de 21 de Agosto de 1911, Editora F. França Amado, Coimbra, 1911.

Decreto de 9 de Fevereiro do Ministério do Interior, Diário do Governo, nº 33 de 10 de Fevereiro de 1911.

Decreto de 10 de Março do Ministério do Interior, Direcção Geral de Administração Política e Civil, Diário do Governo, nº 57 de 11 de Março de 1911.

Decreto de 25 de Maio do Ministério do Interior, Diário do Governo, nº 122 de 25 de Maio de 1911.

Decreto de 17 de Julho do Ministério do Interior, Direcção Geral de Administração Política e Civil, Diário do Governo, nº 165 de 18 de Julho de 1911.

Decreto nº 21 853 de 8 de Novembro do Ministério da Instrução Pública, Direcção Geral do Ensino Superior e das Belas Artes, Diário do Governo, 1ª Série, nº 262 de 8 de Novembro de 1932.

Decreto-lei nº 24 876 de 9 de Janeiro da Direcção Geral de Saúde, Diário do Governo, 1ª Série, nº 7 de 9 de Janeiro de 1935.

Decreto-lei nº 30 270 de 12 de Janeiro do Ministério do Comércio e Indústria, Diário do Governo, 1ª Série, nº 10 de 12 de Janeiro de 1940.

Decreto-lei nº 34 112 de 15 de Novembro da Direcção Geral das Alfandegas, Diário do Governo, 1ª Série, nº 252 de 15 de Novembro de 1944.

Decreto-lei nº 35 108 de 7 de Novembro do Ministério do Interior, Sub-secretariado de Estado da Assistência Social, Diário do Governo, 1ª Série, nº 247 de 7 de Novembro de 1945.

Decreto-lei nº 36 607 de 24 de Novembro do Ministério das Finanças, Diário do Governo, 1ª Série, nº 273 de 24 de Novembro de 1947.

Decreto-lei nº 40 462 de 27 de Dezembro do Ministério do Interior, Direcção Geral de Saúde, Diário do Governo, 1ª Série, nº 283 de 27 de Dezembro de 1955.

Decreto nº 41 448 de 18 de Dezembro dos Ministérios do Interior e da Economia, Diário do Governo, 1ª Série, nº 287 de 18 de Dezembro de 1957.

Decreto-lei nº 41 825 de 13 de Agosto da Presidência do Conselho, Diário do Governo, 1ª Série, nº 177 de 13 de Agosto de 1958.

Decreto nº 41 828 de 14 de Agosto da Presidência da Repúplica, Diário do Governo, 1ª Série, nº 178 de 14 de Agosto de 1958.

Decreto-lei nº 42 210 de 13 de Abril do Ministério da Saúde e Assistência, Diário do Governo, 1ª Série, nº 83 de 13 de Abril de 1959.

Decreto-lei nº 42 824 de 28 de Janeiro do Ministério da Saúde e Assistência, Diário do Governo, 1ª Série, nº 22 de 28 de Janeiro de 1960.

Decreto-lei nº 44 198 de 20 de Fevereiro do Ministério da Saúde e Assistência, Direcção Geral de Saúde, Diário do Governo, 1ª Série, nº 38 de 20 de Fevereiro de 1962.

Decreto-lei nº 46 621 de 27 de Outubro do Ministério da Saúde e Assistência, Diário do Governo, 1ª Série, nº 244 de 27 de Outubro de 1965.

Decreto-lei nº 46 628 de 5 de Novembro do Ministério da Saúde e Assistência, Diário do Governo, 1ª Série, nº 251 de 5 de Novembro de 1965.

Decreto-lei nº 48696 de 22 de Novembro do Ministério da Educação Nacional - Direcção-Geral do Ensino Superior e das Belas-Artes, Diário do Governo, 1ª Série, nº 275 de 22 de Novembro de 1968.

Portaria nº 13 412 de 6 de Janeiro do Ministério do Interior, Direcção-Geral de Saúde, Repartição dos Serviços Administrativos, Diário do Governo, 1ª Série, nº 5 de 6 de Janeiro de 1951.

Portaria nº 15 184 de 30 de Dezembro do Ministério do Interior, Direcção-Geral de Saúde, Repartição dos Serviços Administrativos, Diário do Governo, 1ª Série, nº 291 de 30 de Dezembro de 1954.

Portaria nº 17 512 de 29 de Dezembro do Ministério da Saúde e Assistência, Diário do Governo, 1ª Série, nº 298 de 29 de Dezembro de 1959.

Portaria nº 180 de 8 de Abril dos Ministérios das Finanças e das Comunicações, Diário do Governo, 1ª Série, nº 82 de 8 de Abril de 1970.

## 7.3. Bibliografia e fontes impressas

70 milhões de unidades de penicilina chegaram a Portugal oferecidas pelos Estados Unidos e quantidade igual virá todos os meses. (1944, Setembro 20). *O Século*, p. 1;3. Porto.

700 ampolas de penicilina vão ser enviadas todos os meses para Portugal. (1944, Setembro 14). *O Primeiro de Janeiro*, p. 1. Lisboa.

A Cruz Vermelha brasileira remeteu à Cruz Vermelha Portuguesa doze ampolas de Penicilina, as quais chegaram no «Clipper». (1944, Maio 30). *Diário da Manhã*, p. 1;6. Lisboa.

A enferma que está sendo tratada com penicilina tem experimentado sensíveis melhoras (1944, Abril 13), *Comércio do Porto*. Porto.

A fábrica Portuguesa de antibióticos Cipan está em laboração contínua e em pleno rendimento industria. (1964). *Farmácia Portuguesa 24*(126), 20–23.

A penicilina chegada há dias a Lisboa não pode, por enquanto, começar a ser aplicada. (1944, Maio 30). *República*, p. 5. Lisboa.

A Penicilina foi para o Porto (1944, Abril 12), *Diário de Lisboa*, p.4. Lisboa.

A penicilina isenta de direitos. (1944, Novembro 16). *Diário da Manhã*, p. 6. Lisboa.

A Penicilina vai ser aplicada pela primeira vez em Portugal (1944, Abril 11), *Diário de Lisboa*, p.1;7. Lisboa.

A primeira cedência mensal regular de penicilina. (1944, Setembro 20). *Comércio do Porto*, p. 1;4. Porto.

As primeiras ampolas de penicilina (1944, Abril 12), *Comércio do Porto*, p.1. Porto.

*Actas I Congresso Nacional da Indústria Farmacêutica, Volume II.* (1968). Lisboa: Grémio Nacional dos Industriais de Especialidades Farmacêuticas.

Algunos aspectos de la industria portuguesa de productos químicos y farmaceuticos. (1969). *Blanco y Negro*, pp. 16–17. Madrid.

Álvaro, C. G. M. (2011). *Ternura e sensibilidade : os primeiros anos do Ninho dos Pequenitos de Coimbra (1930-1939)*. Universidade de Coimbra.

Anónimo. (1944). Penicilina: indicações, contra-indicações, modo de administração e posologia da penicilina. *Notícias Farmacêuticas, XI*(3-4), 160–164.

Anónimo. (1945). Regulamento da venda da Penicilina. *Eco Farmacêutico, 7*(58), 8.

Barata, P. (1945a). Penicilina - Revista geral. *Jornal do Médico, VI*(133), 355–360.

Barata, P. (1945b). Penicilina - Revista geral. *Jornal do Médico, VI*(132), 313–321.

Bastos, J. M., & Gusmão, E. B. de. (1945). Penicilina e gonorreia. *Imprensa Médica, XI*(15), 235–237.

Bell, V. (2014). *Introdução dos antibióticos em Portugal: ciência, técnica e sociedade (anos 40 a 60 do século XX). Estudo de caso da penicilina*. Universidade de Coimbra.

Bell, V., Pereira, A. L., e Pita, J. R. (2015). The reception of penicillin in portugal during World War II: cooperation with Brazil and the United States of America. *Debater a Europa, 13*(Julho-Dezembro), 143–157.

Bell, V., Pita, J. R., e Pereira, A. L. (2011). A importância do Brasil no fornecimento das primeiras doses de penicilina para Portugal (1944). Em C. Fiolhais, C. Simões, e D. Martins (Eds.), *Congresso Luso-Brasileiro de História das Ciências. Livro de Atas* (pp. 878–891). Coimbra.

Bell, V., Pita, J. R., e Pereira, A. L. (2014). Circuitos e redes de distribuição de penicilina em Portugal: 1944-1946. Em I. Malaquias e et al. (Eds.), *Construir Ciência - Construir o Mundo* (pp. 143–145). Aveiro: UA Editora.

Bibliografia do Professor Doutor João Porto. (1967). *Coimbra Médica, 14*(7), 645–650.

*Bissaya-Barreto, Um Homem de Causas.* (2008). Coimbra: Edição da Fundação Bissaya-Barreto.

Botelho, L. S. (1978). *Francisco Gentil (1878-1964)*. Edição da LPCC, 1978).

Botte, J. M. S. (1947). *Curso Técnico para promoção a major do S. S.*

Bud, R. (2007). *Penicillin Triumph and Tragedy*. Oxford: Oxford University Press.

Burns, M. (2009a). Scientific research in the Second World War: The case for Bacinol, Dutch penicillin. Em A. Maas & H. Hooijmaijers (Eds.), *Scientific Research in World War II - What scientists did in the war* (pp. 44–61). London.

Burns, M. (2009b). Wartime research to post-war production: Bacinol, dutch penicillin, 1940-1950. Em A. Romero, C. Gradmann, & M. Santemases (Eds.), *Circulation of Antibiotics: Journeys of Drug Standards , 1930-1970* (p. 262). Madrid.

Burns, M., Bennett, J., & van Dijck, P. W. M. (2003). Code Name Bacinol. *ASM News, 69*(1), 25–31.

Cardoso, H. T., Felippe, M. I. C., Pirro, C., & Bona, E. M. (1945). Produção de penicilina terapêutica. *Memórias do Instituto Oswaldo Cruz, 43*(1), 161–170.

Carrilho, M., Rosas, F., Barros, J. L. de, Neves, M., Oliveira, J. M. P. de, e Cruz, J. de M. (1989). *Portugal na Segunda Guerra Mundial: contributos para uma reavaliação.* Lisboa: Publicações Dom Quixote.

Carvalho, R. de. (1944a). Penicilina: Seu estudo entre 1929 e 1943. *Jornal dos Farmacêuticos, III*(25-30), 9–52.

Carvalho, R. de. (1944b). Penicilina: seu estudo entre 1929 e 1943. *Jornal dos Farmacêuticos, III*(31 a 32), 95–129.

Cessaram as restrições na venda da Penicilina. (1945). *Eco Farmacêutico, 7*(91), 19.

Chegaram a Lisboa setecentas ampolas de penicilina para uso civil. (1944, Setembro 20). *Diário de Notícias*, p. 1. Lisboa.

Chegou a Lisboa Nova dose de penicilina oferecida pela Cruz Vermelha Brasileira para tratamento urgente. (1944, Maio 30). *Diário de Notícias*, p. 1;2. Lisboa.

Chegou ontem, no «clipper», a Lisboa, vinda do Brasil uma nova dose de penicilina. (1944, Maio 30). *O Comércio do Porto*, p. 1. Porto.

Clímaco, R. (1946). Revisão clínica das psicoses infecciosas e pós infecciosas. *A Medicina Contemporânea, 64*(6), 215–253.

Comissão Reguladora dos Produtos Químicos e Farmacêuticos. (1956a). *Medicamentos especializados e produtos químicos medicinais - Volume I.* Lisboa: Gráfica Boa Nova Ld\u1d43.

Comissão Reguladora dos Produtos Químicos e Farmacêuticos. (1956c). *Medicamentos especializados e produtos químicos medicinais - Volume II.* Lisboa: Gráfica Boa Nova Ld\u1d43.

Cónim, C. N. P. da S. (1999). *Geografia do envelhecimento da população portuguesa - Aspetos Sociodemográficos 1970-2021.* (Departamento de Prospetiva e Planeamento, Ed.). Lisboa: SCARPA.

Costa, R. M. P. (2012). *Luta contra o cancro e oncologia em Portugal. Estruturação e normalização de uma área científica (1839-1974).* Porto: CITCEM/Edições Afrontamento.

Cunha, A. M. Da, Leão, A. E. A., Guimarães, F. N., & Cardoso, H. T. (1944). Ensaios terapêuticos com penicilina. I - Bouba. *Memórias do Instituto Oswaldo Cruz, 40*(2), 195–200.

D'Abreu, A. C., & Lamas, A. (1946). Penicilina por via carotídia. *Jornal da Sociedade das Ciências Médicas de Lisboa, 110*(9), 410–422.

Dias, J. P. S. (1993). A formação da indústria farmacêutica em Portugal: os primeiros laboratórios (1890-1914). *Revista Portuguesa de Farmácia, 43*(4), 47–56.

Dias, J. P. S. (1997). Contributo para um dicionário das empresas da indústria farmacêutica portuguesa na primeira metade do Século xx. *Medicamento, História e Sociedade, 12*, 1–12.

Dinis, J. C. R. (1945). Vida escolar - Relatório do director da escola de farmácia referente ao ano escolar de 1943-1944. *Boletim da Escola de Farmácia da Universidade de Coimbra, 5*, 239–407.

Distribuição da penicilina em Portugal com instruções sobre as suas indicações. (1944). *Boletim Geral de Medicina, 26*(1-12), 48.

Dois assuntos. (1945). *Eco Farmacêutico, 7*(58), 1.

Florey, M. E. (1944). Utilização terapêutica da penicilina. *Clínica, Higiene e Hidrologia*, X(4), 106–112.

Garrett, J. (1945). Utilização clínica da penicilina. *Portugal Médico*, 29(7), 304–311.

González Bueno, A., e Rodriguez Nozal, R. (2002). La penicilina en la España franquista: importación, intervención e industrializaciónitle. *Revista EIDON*, (38).

González Bueno, A., Rodriguez Nozal, R., e Teijón, C. J. P. (2012). La penicilina en Espanã: difusión, propriedad industrial y negocio, en clave autárquica (1944-1959). *Estudos do Século XX*, (12), 271–287.

González, J. & Orero, A. (2007). La penicilina llega a España: 10 de marzo de 1944, una fecha histórica. *Revista Espanhola Quimioterapia* 20(4), 446-450.

Grossman, C. M. (2008). The First Use of Penicillin in the United States. *Annals of Internal Medicine*, 149(2), 135–136.

Helfand, W. H., Woodruff, H. B., Coleman, K. M. H., e Cowen, D. L. (1980). Wartime industrial development of penicillin in the United States. Em J. Parascandola (Ed.), *The history of antibiotics. A Symposium. Madison: American Institute of the History of Pharmacy* (pp. 31–56). Madison: American Institute of the History of Pharmacy.

Hospitais da Universidade de Coimbra. (1947). Movimento clínico do ano de 1941 - Estatística geral das doenças. *Boletim dos Hospitais da Universidade de Coimbra*, X, 24-37.

I Jornadas Farmacêuticas Portuguesas. (1962). *Revista Portuguesa de Farmácia*, XII(2).

I Jornadas Farmacêuticas Portuguesas - Visitas. (1962). *Revista Portuguesa de Farmácia*, XII(2), 118.

Instituto Nacional de Estatística. (1945). *Taxas de remuneração de trabalho oficialmente estabelecidas : 1934-1944*. Lisboa: Sociedade Tipográfica, Lda.

Instituto Oswaldo Cruz. (1945). Divisão de Microbiologia e Imunologia. Em *Relatório dos trabalhos realizados durante o ano de 1944, apresentado ao Diretor Geral do Departamento Nacional de Saúde, Dr. Roberval Cordeiro de Farias pelo Dr. Henrique de Beaurepaire Rohan Aragão Diretor* (pp. 14–15). Rio de Janeiro: Imprensa Nacional.

Instituto Oswaldo Cruz. (1974). A Escola de Manguinhos. Contribuição para o estudo do desenvolvimento da medicina experimental no Brasil. Em *Oswaldo Cruz: monumenta histórica* (p. 74). Empresa Gráfica da Revista dos Tribunais.

IV Jornadas Farmacêuticas Portuguesas. (1965). *Revista Portuguesa de Farmácia*, 15(3).

IV Jornadas Farmacêuticas Portuguesas - Visita à Micofabril. (1965). *Revista Portuguesa de Farmácia*, 15(3), 210.

Jesús Santesmases, M. (2010). Distributing Penicillin: the clinic, the hero and industrial production in Spain. Em V. Quirke e J. Slinn (Eds.), *Perspectives on Twentieth-Century Pharmaceuticals* (pp. 91–118). Oxford: Peter Lang.

Jesús Santesmases, M. (2011). Screening antibiotics: industrial research by CEPA and Merck in the 1950s. *Dynamis*, 31(2), 407–27.

Junta Consultiva da Cruz Vermelha Portuguesa para a Distribuição de Penicilina em Portugal. (1945). Telegrama enviado pela Cruz Vermelha Americana em 6 de Junho de 1945. Em *Cruz Vermelha Portuguesa - Junta Consultiva de Distribuição de Penicilina em Portugal - Volume I e II*. Lisboa.

Keefer, C. S. (1946). Formas farmacológicas, doses e indicações da penicilina. *Jornal do Médico*, VII(161), 394–397.

Laboratório Sanitas. (1945). Publicidade penicilina Janeiro 1945. *Clínica, Higiene e Hidrologia*, *XI*(1), III.

Lamas, A. (1945a). Penicilina intra-arterial. *Amatus Lusitanus*, *VI*(3), 165–171.

Lamas, A. (1945b). Penicilina intra-arterial. *Portugal Médico*, *29*(8-9), 345–346.

Lax, E. (2005). *The Mold in Dr. Florey's Coat. The story of the penicillin miracle*. New York: Owl Books.

Leal, A. M. (1963). Farmácia industrial - Editorial 1963 n°2. *Revista Portuguesa de Farmácia*, *13*(2), 226–229.

Ledermann, W. D. (2006). La historia de la penicilina y de su fabricación en Chile. *Revista Chilena de Infectología*, *23*(2), 172–176.

Leitão, J. A. (1954). Editorial - A multiplicação das especialidades farmacêuticas. *Jornal da Sociedade das Ciências Médicas de Lisboa*, *118*(3), 113–116.

Lemos, A. de. (1945). Penicilina - Uma carta do Grémio Nacional das Farmácias (secção do Porto). *Jornal do Médico*, *6*(132), 299.

Lesch, J. E. (2007). *The First Miracle Drugs: How the Sulfa Drugs Transformed Medicine*. New York: Oxford Univ Press.

Lopes, G. (1944). A penicilina por via carotidiana. *A Medicina Contemporânea*, *LXII*(19/20), 224–225.

Lopes, M. R. (1999). Galeria dos presidentes: João Porto, primeiro Presidente da Sociedade Portuguesa de Cardiologia. *Revista Portuguesa de Cardiologia*, *18*(3), 327–328.

Loureiro, J. M. de. (1944a). Penicilina - Novas possibilidades de aplicação. *Jornal do Médico*, *5*(101), 175.

Loureiro, J. M. de. (1944b). Penicilina - Novas possibilidades de aplicação. *África Médica*, *X*(12), 237–238.

Loureiro, J. M. de. (1945a). Penicilina. *Imprensa Médica*, *11*(1), 14.

Loureiro, J. M. de. (1945b). Penicilina - Novas possibilidades de aplicação. *Clínica, Higiene e Hidrologia*, *XI*(1), 50–51.

Loureiro, J. M. de. (1945c). Penicilina - Novas possibilidades de aplicação. *Boletim do Instituto Português de Oncologia*, *12*(1), 3–4.

Mais informações sobre a Penicilina. (1944). *Portugal Médico*, (10), 422–423.

Mais uma porção de penicilina chegou a Lisboa transportada por um «Clipper». (1944, Maio 30). *O Primeiro de Janeiro*, p. 1. Porto.

Mas que conclusão!! (1945). *Eco Farmacêutico*, *7*(54), 4.

Matta, G. (1972). Editorial - A indústria farmacêutica portuguesa. *Revista Portuguesa de Farmácia*, *22*(4), 291–297.

Maurois, A. (1959). *The life of Sir Alexander Fleming. New York*. Oxford: The Alden Press.

Ministère de la Santé Publique. (1947). *Thérapeutique par la Pénicilline* (Primiere). Paris: Masson et Cie, Éditeurs.

Ministério da Economia. (1945). Venda de penicilina. *Jornal do Médico*, *6*(147), 765.

Monteiro, G. (1960). *O sítio da Cruz Quebrada - Nótulas de Micro-História*. Lisboa: Tipografia Ibérica.

Monteiro, G. (1966). Matosinhos Possui a Primeira Fábrica de Penicilina do País. *Boletim da Biblioteca Pública Municipal de Matosinhos*, (13), 1–8.

Mourato, A. (1954). Secção profissional - Aspectos da indústria farmacêutica nacional. *Revista Portuguesa de Farmácia*, 4(3), 204–210.

Noronha, R. (1946). O transporte da penicilina. *Jornal do Médico*, 7(171), 688.

Notícias e informações - Penicilina. (1945). *Portugal Médico*, 29(anexos), 64.

Novidades médicas - Penicilina. (1944). *Jornal do Médico*, 4(82), 319.

O director do Hospital Escolar de Stª Marta fala da Penicilina. (1944, Abril 20), Vida Mundial Ilustrada, *III* (153), p. 17;24. Lisboa.

O embaixador dos Estados Unidos entregou à Cruz Vermelha Portuguesa uma remessa de setenta milhões de unidades de penicilina. (1944, Setembro 19). *Diário de Lisboa*, p. 4. Lisboa.

O Sr. Embaixador dos Estados-Unidos felicitou a Cruz Vermelha Portuguesa. (1944, Setembro 20). *O Primeiro de Janeiro*, p. 1. Porto.

O tratamento pela penicilina em Portugal. (1944, Setembro 20). *Novidades*, p. 4. Lisboa.

Outra dose de penicilina veio do Brasil para se tratar um doente. (1944, Maio 30). *O Século*, p. 6. Lisboa.

Para tentativa de cura de dois doentes portugueses a Cruz Vermelha Brasileira enviou por via aérea à Cruz Vermelha Portuguesa 12 ampolas de «penicilina». (1944, Maio 30). *Jornal do Comércio*, p. 1. Lisboa.

Penicilina. (1945). *Eco Farmacêutico*, 7(59), 8.

Penicilina em Portugal. (1944). *Jornal do Médico*, 4(93), 709.

Penicilina em Portugal. Os Estados Unidos fornecerão mensalmente ao nosso país 70 milhões de unidades de penicilina. (1944, Setembro 20). *Jornal do Comércio*, p. 1;2. Lisboa.

Penicilina para Portugal. (1944, Setembro 20). *Diário da Manhã*, p. 1;6. Lisboa.

Penicillin: A Wartime Accomplishment. (1945). *Chemical & Engineering News*, 23(24), 2310–2316.

Penicillium. (1942). *The Times*, p. 5. London, UK.

Pereira, A. L., & Pita, J. R. (2005). Alexander Fleming (1881-1955) Da descoberta da penicilina (1928) ao Prémio Nobel (1945). *Revista da Faculdade de Letras*, 6, 129–151.

Pereira, B. F. (2012). *A diplomacia de Salazar (1932 - 1949)* (2ª Edição). Alfragide: Publicações Dom Quixote.

Pinto, O. (1966). Farmácia industrial - Investigação e indústria. *Revista Portuguesa de Farmácia*, 16(3), 205–206.

Pita, J. R. (1996). *Farmácia, medicina e saúde pública em Portugal (1772-1836)*, Coimbra: Minerva.

Pita, J. R. (2003). Ciências médico-farmacêuticas e normalização social. Em M. M. Tavares (Ed.), *Portugal-Brasil. Uma vião interdisciplinar do Século XX. Atas do Colóquio, 2 a 5 de Abril de 2003* (pp. 405–436). Coimbra: Quarteto.

Prista, L. N. (1966). Farmácia industrial - Indústria, investigação e ensino. *Revista Portuguesa de Farmácia*, 16(2), 105–107.

Prof. Doutor João Porto. In Memoriam. (1967). *Coimbra Médica*, 14(7), 639–643.

Prof. Luís Zamith no dia do seu 70° aniversário. (1967). *Coimbra Médica*, 14(5), 391–397.

Professor Doutor João Porto (Homenagem por motivo da sua jubilação). (1961). *Coimbra Médica*, *8*(7), 689–699.

Professor Luís Augusto de Morais Zamith. (1967). *O Médico*, *44*(829), 190–192.

Publicidade - Micofabril - Sociedade Indústrial de Bioquímica, S.A.R.L. (1962). *Revista Portuguesa de Farmácia*, *12*(2).

Publicidade à Micofabril - Sociedade Indústrial de Bioquímica, S.A.R.L. (1965). *Revista Portuguesa de Farmácia*, *15*(2).

Queijo, J. (2010). *Breakthough - How the 10 greatest discoveries in medicine saved millions and changed our view of the world*. New Jersey: Pearson Education, Inc.

Regulamento da venda da Penicilina (1945). *Eco Farmacêutico*, *7*(58), 8.

Rodrigues, M. A. (1992). *Memoria Professorum Universitatis Conimbrigensis (1772-1937)*. Coimbra: Arquivo da Universidade de Coimbra.

Rodrigues, M. F., e Mendes, J. M. A. (1999). *História da Indústria Portuguesa - Da Idade Média aos nossos dias*. Mem Martins: Europa-América.

Rodriguez Nozal, R. (2015). El despacho de penicilina en la España: de las restricciones y el estraperlo. *Revista Panacea - Humanidades, Ciencia y Sanidad, 1*(Janeiro), 14–15.

Santos, J. C. dos. (1954). O aviso prévio do Prof. Cid dos Santos. *O Médico*, *5*(129), 112–118.

Santos, M. S. dos. (1945). Aferição da penicilina. *Boletim da Escola de Farmácia da Universidade de Coimbra*, *5*, 42–59.

São Payo, M. De. (1946). Elementos estatísticos da acção da Cruz Vermelha Portuguesa durante a guerra de 1939-1945. *Boletim Oficial Cruz Vermelha Portuguesa*, *II*(41), 76–87.

Serviço de Imprensa da Cruz Vermelha Portuguesa. (1944). Nota de imprensa de 19 de Setembro de 1944 - Distribuição de «Penicilina» em Portugal. Em *Notas de Imprensa*. Lisboa.

Serviço de Saúde Militar. (1947). *Formulário dos medicamentos para uso dos Hospitais Militares* (2ª Edição). Ministério da Guerra.

Setenta milhões de unidades de penicilina foram entregues à Cruz Vermelha Portuguesa pelo embaixador dos Estados-Unidos. (1944, Setembro 19). *Diário Popular*, p. 1;8. Lisboa.

Silva, H. d'Assunção. (1954). Indústria farmacêutica II. *Eco Farmacêutico*, *16*(149), 4–15.

Silva, H. d'Assunção. (1953). Indústria farmacêutica I. *Eco Farmacêutico*, *15*(145), 25–28.

Sobre transporte e cor da penicilina. (1946). *Jornal do Médico*, *7*(170), 570.

Sousa, J. P. de. (1999). *Bissaya Barreto: Ordem e Progresso*. Coimbra: Minerva.

Sousa, M. F. de, Pita, J. R., e Pereira, A. L. (2011). Ciência, técnica e indústria farmacêutica em Portugal: primórdios da regulação dos medicamentos, anos 40-50. Em C. Fiolhais, C. Simões, e D. Martins (Eds.), *Congresso Luso-Brasileiro de História das Ciências. Livro de Atas* (pp. 929–942). Coimbra.

Sousa, M. F. de, Pita, J. R., e Pereira, A. L. (2014). Farmácia e medicamentos em Portugal em meados do século XX. O papel da Comissão Reguladora dos Produtos Químicos e Farmacêuticos (1940). *CEM. Cultura, Espaço & Memória*, *5*, 11–26.

Torgal, L. R. (2009). *Estados Novos, Estado Novo*. Coimbra: Imprensa da Universidade de Coimbra.

Torgal, L. R., e Paulo, H. (Eds.). (2008). *Estados autoritários e totalitários e suas representações: Propaganda, Ideologia, Historiografia e Memória*. Coimbra: Imprensa da Universidade de Coimbra.

Uma visita do embaixador dos Estados Unidos à sede da Cruz Vermelha. (1944, Setembro 19). *República*, p. 5. Lisboa.

Veio de Inglaterra a primeira dose de penicilina chegada a Portugal. (1944, Julho 15). *Diario de Lisboa*, p. 4. Lisboa.

Wainwright, M. (1987). The history of the therapeutic use of crude penicillin. *Medical History*, *31*(1), 41–50.

Waller, J. (2004). *Fabulous science: fact and fiction in the history of scientific discovery*. Oxford: Oxford University Press.

ÚLTIMOS TÍTULOS PUBLICADOS

1 - Ana Leonor Pereira; João Rui Pita
[Coordenadores]
— *Miguel Bombarda (1851-1910) e as
singularidades de uma época* (2006)

2 - João Rui Pita; Ana Leonor Pereira
[Coordenadores]
— *Rotas da Natureza. Cientistas, Viagens,
Expedições e Instituições* (2006)

3 - Ana Leonor Pereira; Heloísa Bertol
Domingues; João Rui Pita; Oswaldo
Salaverry Garcia
— *A natureza, as suas histórias e os seus
caminhos* (2006)

4 - Philip Rieder; Ana Leonor Pereira; João Rui
Pita
— *História Ecológico-Institucional do Corpo*
(2006)

5 - Sebastião Formosinho
— *Nos Bastidores da Ciência - 20 anos
depois* (2007)

6 - Helena Nogueira
— *Os Lugares e a Saúde* (2008)

7 - Marco Steinert Santos
— *Virchow: medicina, ciência e sociedade
no seu tempo* (2008)

8 - Ana Isabel Silva
— *A Arte de Enfermeiro. Escola de
Enfermagem Dr. Ângelo da Fonseca* (2008)

9 - Sara Repolho
— *Sousa Martins: ciência e espiritualismo*
(2008)

10 - Aliete Cunha-Oliveira
— *Preservativo, Sida e Saúde Pública*
(2008)

11 - Jorge André
— *Ensinar a estudar Matemática
em Engenharia* (2008)

12 - Bráulio de Almeida e Sousa
— *Psicoterapia Institucional: memória e
actualidade* (2008)

13 - Alírio Queirós
— *A Recepção de Freud em Portugal*
(2009)

14 - Augusto Moutinho Borges
— *Reais Hospitais Militares em Portugal*
(2009)

15 - João Rui Pita
— *Escola de Farmácia de Coimbra* (2009)

16 - António Amorim da Costa
— *Ciência e Mito* (2010)

17 - António Piedade
— *Caminhos da Ciência* (2011)

18 - Ana Leonor Pereira, João Rui Pita e Pedro
Ricardo Fonseca
— *Darwin, Evolution, Evolutionisms* (2011)

19 - Luís Quintais
— *Mestres da Verdade Invisível* (2012)

20 - Manuel Correia
— *Egas Moniz no seu labirinto* (2013)

21 - A. M. Amorim da Costa
— *Ciência no Singular* (2014)